思想觀念的帶動者

文化現象的觀察者

本土經驗的整理者

生命故事的關懷者

Love
Parenting

♥

凝望生命乍現的喜悅 · 傾聽靈魂單純的心跳
溫柔擁抱成長的綻放 · 用愛牽引最初的奔跑

心靈工坊
PsyGarden

MOTHERHOOD

Facing and Finding Yourself

當媽後，

你是公主也是壞皇后

從榮格心理學

看童話故事中的母性智慧

Lisa Marchiano

麗莎・瑪基雅諾

黃詩維、傅雅群——譯

愛・兒・學 合作出版

目錄

獻給我的母親
以及我的孩子

免責聲明

這本書中所有臨床素材皆獲得許可使用或以混合的方式呈現，姓名和身份訊息已化名改編。

【推薦序一】

為生命孕育生命

鐘穎（諮商心理師）

我一翻開這本書就愛上了。毫不誇張，挽救少子化的任務或許就在這本書上。理想化母親與抗拒成為母親，這兩件看似彼此矛盾的事同時發生在我們周遭。我們一方面用各種廣告與宣傳在神聖化母親的偉大，另一方面，多數女性卻對「母親」一職有各種恐懼與抱怨。

這個情況怎麼發生的？從何時開始，自我實現中不再有「當媽」這個選項？又是從何時開始，小女孩的隱蔽願望竟然是成為爸爸，或者是如一個「男人」，只為能在職場裡獲取成就，能在世界裡自由來去。

換言之，成為母親是沒有成就的，也是毫不自由的。

母職絕非女性的專利，在我繼續往下談之前必須先強調這點。否則我也不會對這本書的內容產生如此大的共鳴。事實上，無論男女，面對孩子，都有成為「母親」的能力或者願望。

照料孩子本身就有極大的成就感，但挫敗感更是如影隨形。令人尤為難受的是，照顧孩子（或者說母職）更意味著一連串永不停歇的失落與哀悼。他們成長的步伐太快，快到每個父母都跟不上。他們成長的步伐又太慢，慢到我們必須對他們大吼「快一點！我要遲到了！」

每個爸媽幾乎都交替感受過悔恨與幸福，那個延續我們血脈的小小身體就這樣毫不留情地成為自己，直到有一天，他離我們而去。若是如此，父母的犧牲又有何意義？

這個問題我不只一次問過自己。

後悔生育子女的情緒是許多父母不敢說出口的話題。因為這觸犯了某種不言自明的禁忌。榮格心理學對此最為關注，因為這些禁忌與悔恨顯然包裹著層層的情結，共同在我們的陰影處發酵、擴大，然後拉扯著每個父母。

但這些幽冥難解的心緒又是什麼呢？我苦思不得的矛盾，以及那些母親案主藏在眼淚背後的憤怒和痛苦，都在書裡被表達得一清二楚。

這本書詳述成為母親的內在歷程，是一本絕無僅有的母職心法。相較於網路上常見的技巧、安慰、乃至苦中作樂，《當媽後，你是公主也是壞皇后》一書的獨特與深入明顯可見。

身為父母，我們不明白的道理，作者已在書裡透過傳說與童話替我們說出來了。我們弄不清的親子糾葛，作者也藉由案例人物的分享為我們理清楚了。原來成為一位母親，就跟神話中的偉大英雄那樣，都得經過沉降與返回的過程。這個過程就如作者所言，我們會經歷「失去」，失去自由、控制與自我。

這不正是每個母親都有過的遭遇嗎？

如果不是這樣的經驗，臺灣傳說中的林投姐何以會掐死自己的孩子？這個被我稱為「林投姐原型」的絕望與怨懟，相信每個曾被小孩氣到快要腦中風的父母都不陌生。如果不是為了抵抗「失去」，書中引用的〈月光公主〉，裡頭的國王就不會被月亮母親變成石頭，象徵著父母因未能走向哀悼而乾枯貧瘠。

「失去」正是母職經驗中的主軸。

就在反覆的接受與抗拒之間，我們年輕時對家庭與對自我的想像悄悄地改頭換面。許多人在育兒的過程裡，不自覺地與自己的父母親和解，所謂「養兒方知父母恩」。但也有許多人在成為母親的過程裡，將自己沒有處理好的議題一股腦兒地往孩子身上丟，讓他們成為焦慮和膽怯的大人。甚至也往親友身上丟，「好為人師」地認為自己的育兒方式才是唯一解。這其實仍是一種蒙昧。

事實上，如果育兒過程得法，沉降的過程中能有類似於本書的指引，孩子將會成為療癒大人、完整父母人格的貴人。從此點而言，生育子女其實是難度最大，也回報最深的工作。

雖然我常戲言「不婚不生，幸福一生」，但這句話的反面卻是，成為英雄沒有比成為母親更具挑戰性、也更令人驕傲的。因為失去也意味著摧毀不合時宜的事物，以便讓位給全新的自我。

無論你是否已經是一位母親，或正猶豫著是否應該成為一位母親，你都需要讀讀這本書。瞭解母職於之於你我，乃至對於整個人類，在個體化歷程中扮演什麼助力與角色。

我絕不會說它很輕鬆，特別是對已經習慣將自我實現等同於職場成就的多數現代人來說，成為母親肯定會顛覆你原本習慣的世界，但意欲完整生命的本能正向我們招手。

那一刻你就會明白，真正讓你感到驕傲的不是孩子（他並沒有這項義務），而是你曾養育過孩子。讓你完整的也不是事業的成就，而是你曾回應生命的要求。

因為你曾回應生命，生命也必會回應你，為你注入永恆的氣息。那時你既是母親，也是生命的子女。大我的本質與小我的角色重疊了，我們體驗到了神祕的合一。這是許多母親在懷胎時有過的感受，也是注視孩子睡著時的臉孔曾有過的靜謐。

為生命孕育生命，你真正成為了生命的一部分。那樣的自信不言自明，許多女性都會在特定年紀感受到那樣的召喚，不少男性同樣如此。本能向我們招手，要求我們重新成為大我的一份子。

我並不是要將母職神祕化，而是要指出這樣的事實：人不是孤獨的原子，而是生命長河裡的一滴水珠。成為母親（也包含父親）會使我們重新憶起與這條長河的聯繫。

日後若再有人為母職而煩惱，我都會向她推薦這本書。麗莎．瑪基雅諾，心理學界應該記住這個名字。

【推薦序二】

成為父母之後的我們，更有機會透過陰影的力量撞見脆弱、擁抱真實

黃之盈（諮商心理師）

哲學家裴士塔洛齊曾說：「當你把魔鬼趕出自己的花園，你將在兒子的花園中找到他。」

成為父母之後令人沮喪、困難、恐懼的時刻，正是父母無法言說的斷裂時刻；當我們抓狂、咆哮之後帶來無比的懊悔、痛苦和挫折，正是透過感受羞愧和無能，進入自己內在深層連結的入口。我很喜歡書中提到成為父母之後像墜入深井的比喻，透過層層疊疊的童話故事，帶領我們遊歷內在的憤怒、接觸攻擊、感受尚未過去的童年創傷，更找到驅散親子關係的那一堵創傷能量。在閱讀的同時，我感受到如何受內在直覺指引，接納被排斥在外的陰影，在跌落深井的同時撞見薄弱的自我，看見內在尚未度過的難處，更從中摸索這種破碎自我感、不曉得自己是誰、失去控制和自由的脆弱經驗。透過這些傷口，在令人擔憂的墜落中、空虛和強烈孤寂的襲來裡，看見自

己為何存在，可能有著更深層的原因！

直擊你的脆弱，洞見你的失去，重獲心靈歸途

當我們為人父母的那些時日，從閱讀書籍揣摩成為父母的樣子。所有的教養書籍都不斷推播你「孩子的人初千日極其重要」，我們在前三年必須好好把握母嬰關係，給予孩子最棒的刺激，告訴你這一千天是孩子的大腦發展的關鍵時期，嬰幼兒的神經元改變都在這一千天的刺激和修剪中決定最佳路徑。這些海量的資訊大量吆喝我們須照護兒童權益、秉持著科學育兒的指引，在孩子關鍵的「吸收性心智」時期，給予好的回應、足夠的餵養和撫育。但這些對幼兒撫育的召喚和呼籲，缺乏了一個關鍵因素：「孩子要有正向的自我觀感，必須來自正向情緒充足的父母」。我們得直視自己的陰影面積，從生活中找到意義，才有辦法擁抱真摯的內在狀態。

世代夾擊，工作和家庭中奮力求生的當今父母

現代父母育兒第一現場處境艱難，且在世代錯置的教養觀夾擊中謀生。先要從職涯中斷裂、面對自我的分割，再加上你花了三十年追尋自我、卻要在一夕之間變成「無我」，任誰都需要一段時間在父母職中找尋新的定位。尤其不斷在母職和日常雜務中來回穿梭，遭逢旁人的意見和觀感拉扯，在奮力求知時卻頂著被嘲笑和被說「看你多會」的風險……這時的父母常看似堅毅不

搖，實則內心崩落、懸掛在懸崖邊緣。當我們期許自己能秉持「改寫過去經驗」的精神、從「過去父母的對待」中進化，卻又如同乍到人間的嬰兒一般待在父母新手村練功，這時候的我們都在蛻變的路徑上，撞見過去的陰影，和伴侶彼此拋接內在曾經不願接納的特質，並期待能夠成為「內心想要的理想父母，給予孩子好的對待」。我們是如此苛刻地對自己，又如何有充足的正向情緒對待眼前稚嫩的生命？

父母職帶來蠕變的自我，生命中價值的重新定義與追尋

榮格分析師瑪基雅諾在本書中，提供許多對父母職和更深層自我認識的連結。她的書寫和每一章的提問都讓我動容，且停留在更多自我接納的關切中。她在書中寫道：「在孩子的早年期間，父母如同變裝舞會中忙碌不堪的主人，一方面招呼相關人等參與這場盛宴，卻也因收拾杯盤狼藉感到疲憊和精神不濟。」在父母職展開的種種技能，超乎你我的想像，我們簡直蠕變成另一種生物，在陀螺式的生活中滾動式成長。當你一面哄眼前的嬰兒、左手餵奶、右手拿尿布、內心想著下一步拍嗝、擦嘴、哄睡、做家務，等孩子睡醒陪玩，等著下一次的脹奶。每一次的脹奶都提醒著你身上掛著孩子的食物，成為母親確實是天賜的奇蹟，但你真實的體感卻是精疲力竭、狼狽不堪、沒有假期、苦樂參半、多被檢討的不安的既視感居多。

歡迎陰影，呵護你曾有的破裂經驗

其實父母在陪伴孩子的這一千天中，不能承認也難以打卡的部分，正是關於痛苦、筋疲力竭、精實、崩潰的片刻，等等這些疲憊不堪、難以言說的經驗。然而這本著作間接引發我對母職意義的追尋，當媽媽的種種不安、痛苦、攻擊、曾被驅逐的自我、關於控制感和愛的議題，都被在這本書中被接住了。

歡迎你感受著蠕變成母親的成長過程！在尚未感受到成熟的後勁前，正可以在閱讀的同時，將你真實的感受在書中大聲奔放嘶吼，歡迎陰影、歡迎積極、歡迎壓迫、歡迎跌落深井、歡迎耍廢，更歡迎個體化帶來死而復生的種種成長！

【自序】

成為母親，是進入自己內心的大門

我一直以為自己不想要小孩。在念大學時，有個朋友曾告訴我她渴望成為母親，當時我完全無法理解。我滿懷在職場上大展身手的抱負，當個媽媽在我聽來平凡無趣、也形同故步自封。大學畢業後，我在華盛頓特區裡的一個非營利組織工作，我的工作令人振奮、很重要而且深具意義。內心深處，我認定我的生命裡有好幾項必須完成的事，我害怕有了孩子將會讓我無法發揮自己的潛能。

暢銷作家暨心理學家詹姆斯．希爾曼（James Hillman）提出了心理發展的「橡實原理」（acorn theory）[1]。他認為，我們每個人都帶著獨特的天賦來到世上，這些天賦等待著透過我們而有所實現。如同橡樹的命運被包裹在橡實種子之中，來到生命裡時，我們也帶著一幅圖像，銘刻著我們必須完成的使命、以及我們必須成為什麼樣的人。作家暨神話學家邁克爾．米德（Michael Meade）曾寫道：「每個人內在等待受感召之物，是既古老又令人驚奇、神話式的而富涵意義的。」[2]身為一名年輕女性，我非常渴望探求我身上究竟有什麼等待被喚醒，我害怕成為母親將會致命地打斷它的發展。

我的母親對她扮演媽媽這個角色感到很灰心，雖然我一直都能感受到來自她的愛，不過有時候會聽到她埋怨她讓自己畫地自限了。當她心情特別沮喪時，會對我們大喊：「千萬不要有孩子！」這是很常發生的事情。長大後的我，對於母職有很矛盾的感受。

時光與歲月緩和了我不想成為母親的決心。後來，我了解到自己人格中意識的部分實際上並不能掌握全部的答案。二十八歲時，我在紐約學習國際關係，我計劃下一步要去唸法學院，這麼一來我就有能力繼續留在這份國際性非營利組織的工作中。然而，我內心深處有些其他的想法。到了紐約之後，我開始在地鐵裡做了一個又一個的夢。這些地下世界的夢境反映了我心靈正在下沉。儘管我奮力避免，我仍然陷入了憂鬱。以前，為我的生活帶來使命感與意義感的工作，如今看起來無比空虛。無論我如何讓自己致力於研究所或生活的其他面向，我仍然感到越來越孤立、悲傷與想哭。我被拖入了深淵，背離了我的意志。

雖然我對於這樣的下沉感到恐懼，然而，到了初春，我在夢境的引導下，開始對發生在我身上的事感到好奇。我開始每晚紀錄夢境，並閱讀榮格的著作。這些書引領我用一種截然不同的方法來認識這份不快樂，它們幫助我把我的痛苦與症狀看作是發現更多來自自我的邀請，我被我所學到的事物深深吸引。

卡爾・榮格（Carl Jung, 1875–1961）是瑞士精神科醫師，也是心靈最偉大的探索者之一。榮格確立了幾種心理驅力，但是他認為最重要的驅力是實現個人潛能的內在願望。雖然他同意無意識包含了被壓抑或遺忘的要素，但是他也覺得無意識可能是巨大創造力與成長的源頭。他認為，在深層無意識中，我們都與某個共同的意象與意義的來源相互聯繫著，那是人類經驗的普遍而原型的寶庫。在我的憂鬱與困惑之中，榮格的思想是一種療癒的藥膏，我的黑暗與孤獨經歷於是變得充滿了意義與目的。

憂鬱症是件驚天動地的大事，它改變了我生命能量之流，改變了它的方向。我臣服於內在湧現的衝動與本能，事後看來，很明顯地，那一年我在紐約的「靈魂暗夜」是我與生俱來的命運——我的橡實——正在成長。在幾年之內，我把學習法律的計畫擱置一旁，踏上了成為榮格分析師的漫長之路。

大約在這個時候，我與我先生相遇並結了婚。他非常渴望有孩子，而我已經變得足夠聰明，知道如何臣服於生命所賜予給我的一切。結婚兩年後，我當媽媽了。令我訝異的是，女兒出生後的第一年，巨大的成就感與喜悅充滿了我。在歷經了最初幾個月的困難與疲憊之後，我和她處於一種完美的節奏之中，我很喜歡照顧她的一切。在女兒滿一歲後，彷彿有了這個美麗而完美的嬰兒還不夠似的，我開始接受成為榮格分析師的培訓。我在家附近推著嬰兒車閒晃，一本厚厚的《榮格全集》壓在媽媽包上，這麼一來我便可以在她睡著時坐在長椅上閱讀。我感到非常完滿與滿足。

然而，這種滿足感是短暫的。在我女兒一歲幾個月大時，我懷上了第二個孩子。這次的懷孕讓我疲倦多了，也更加焦慮。我一直很擔憂下一個孩子的到來會如何影響我的生活——我的工作、我的分析師訓練、以及我與女兒的關係。

在女兒兩歲生日的前一週，我兒子出生了。同時要照顧一個蹣跚學步的孩子和一個新生兒，讓我精疲力竭，我發現自己不堪重負、心力交瘁、且低落憂鬱。雖然我繼續在私人辦公室見少數幾名個案，然而，我必須經常向榮格訓練課程請假，這讓我感到焦躁，感覺不到專業生活有何進展。我的體重來到有史以來最高峰，我沒有時間鍛鍊身材或控制飲食。體力的消耗、連續三年睡眠不足、沒有任何時間讓我可以安頓我的想法與內心世界，再加上不斷應付一個嬰兒與一個幼兒永遠不滿足的需求，這些都讓我感到好累、欲哭無淚、滿心挫敗。有了兩個小孩，我覺得自己好像失去了自我，被吸進了泥淖。

在十二月的某個寒冷的日子裡，我們出去散步，只是為了離開家一下，我努力地將雙人嬰兒車推上上坡。我心想，當媽媽的一切都太難了。我的下個想法讓自己吃了一驚：我因此成長了不少，現在發生在我身上的事情想必是一個了解自己的好機會。

自從這個想法第一次出現在我腦中以來，已經過了十五年的時光，我的孩子們已經成長為青少年了。這一路走來，成為父母的艱辛不言而喻，但只要我願意，總能讓我對自己產生新的領悟。我從我的育兒經驗中學習，也有幸在實務工作中體會到媽媽們的育兒歷程——她們有的是第一次成為母親，有的則正在處理與成年孩子的關係，以及其他各種狀況。

母職彷彿是座大熔爐，有著異常強烈的身體與情感體驗，我們會受到測試與轉變。在母職這個煉金術的容器中，熱力大幅提升，我們人格中過時的部分被融解掉，新的結構被鍛造出來。母親的身份是種令人暈頭轉向的高難度任務，是一場變裝舞會，也是與死亡的交流。它是一種脫落而又找到恩典的過程，是一種陷入又脫離愛的過程，是時時刻刻的心痛。成為母親是與自己最終的面質，無論妳的靈魂深處有些什麼需要被發現，無論是糟粕或珍寶，母職的經驗都會幫妳尋得。

榮格最重要的觀點之一是，我們在整個生命過程中皆會不斷成長與發展。根據榮格的觀點，我們從未停止成長與轉變。事實上，隨著年齡的增長，我們有更多的機會成為自己——牽引著我們開展自己獨一無二的藍圖，成長為我們來到這個世界上有潛力成為的那棵橡木。榮格稱這種貫穿一生的成熟歷程為「個體化」(individuation)。

個體化歷程是個緩慢的過程，慢慢轉變成妳真實的自我，需要花上一生的時間來完成。個體化需要妳對生活保持開放的態度，以便在每次的打擊、失望與錯誤中，都能更認識自己的某些部分，而這些部分是之前不為人知、或被妳自己所鄙視的。如果妳在生活中照顧自己真實的聲音，並負責盡可能地把學習與接受自己當成重要的工作，那麼妳最終便能夠成為快樂、有智慧的老人，而不是變得尖酸刻薄、心胸狹窄。

在我接受榮格訓練的第一次研討會上，我直接體會到了所謂個體化是什麼。那場研討會有數百名分析師與受訓者參加，是在加拿大蒙特婁市中心的某家大飯店舉辦。這是我第一次參加這樣的活動，這麼近距離地接觸許多作者讓我有些膽怯，他們的著作對我有很大的影響力。我希望自己是個好學生，雖然因為懷著第二胎而身心俱疲，我還是全心全意地參與每一場講座。

大名鼎鼎的榮格取向分析師哈利．威爾默（Harry Wilmer）在下午的演講中談到了毛線畫（yarn painting）。威爾默博士是社會心理學的先驅，他開發了一種與退伍軍人共事的新技術。我以前未曾聽過毛線畫，我以為威爾默博士會介紹的是一些來自原始部落的手工藝品，並討論其中的原型象徵意義。雖然這聽起來有些枯燥，不過我決心要認真聽講。

威爾默已經八十多歲了，他接過麥克風時，聲音有些停頓與緊繃。首先，他解釋道，在第二次世界大戰期間，他被診斷出患有肺結核，並且在海軍艦艇上的肺結核療養院住了近一年半。這段時間對他來說相當艱難而孤獨，他有一股感覺要他必須拿起毛線和針，用自發創造的方式來作「畫」。他漫長的病程讓他對自己有了更深的認識，他的毛線畫反映了這樣的內在歷程。他向我們展示了幾張他當時的藝術創作，呈現了他試圖面對自己的悲傷、心痛與孤寂。他講述著他已成年的兒子喪命於一場機車事故，並展示了在這場悲劇發生後他所完成的毛線畫。

這些畫作色彩繽紛，很有意思，不過它們的藝術價值並不是重點。威爾默分享了他如何從他的「畫布」中間開始縫製，在創作的過程中，他從來不知道最後將會長成什麼樣子。這些都是他無意識的自發產物，在許多方面，就像孩子一樣簡單而不具藝術性。他說：「每個人的內心都是藝術家。」

從演講的前半段開始我就淚流不止，直到最終都沒有停歇。我原本以為這位著名的分析師會帶領大家進行一場令人眩目的理性討論，沒想到完全相反，我看見的是一個人毫無設防地站在我們面前，分享他平凡簡單的努力，終而從萬分難耐的痛苦中淬煉出意義。我當時還有些懷疑我會這樣哭泣是否一部分是因懷孕初期的賀爾蒙所致。後來，我遇到一個朋友，我問她是否也有聽那場講座，她簡單地說：「喔，我有去，我整場都在掉淚。」

一年半之後，哈利．威爾默過世了，享年八十八歲。

榮格說，心靈成長的目的在於變得更加完整。成為完整的人意味著能夠充分地體驗到自己所有的情緒、懷疑自己、承認我們的錯誤、對我們周遭的環境產生濃厚的興趣、擁抱我們的矛盾、聆聽我們的內在聲音，並且為了保護自己與我們所愛的人而行使我們的力量與權威。

變得完整意味著能夠充滿玩心、感到敬畏、自我解嘲，意味著在需要的時候能夠保護自己，但能在其他時候放下這些防衛，如此一來妳便能以開放的心態迎接周圍的世界，敏察痛苦所帶給我們的奇蹟與脆弱。也許最重要的是，變得完整需要對自己保持好奇心，這麼一來，當妳面對任何生命所帶來的嶄新挑戰時，便有機會從中更加認識自己心靈的奧祕。

很少有其他生命經驗能夠像成為母親那樣提供認識自己的機會，當媽媽會讓妳疲憊不堪，讓妳充滿恐懼，讓妳感動落淚。它會激發出快樂、自我懷疑、歡笑、滿足、憤怒、恐懼、羞愧、煩躁、匱乏、悲傷、焦慮與愛，妳可能會見識到自己最好與最壞的一面。說穿了，如果生命的意義在於因妳的經歷而變得更偉大，讓妳更加了解自己，那麼母職所提供的便是一個自我了解的宏大舞台。

以這種方式來看，我們是否是完美的媽媽並不重要——無論我們是外出工作、或者待在家裡，我們自己做嬰兒副食品、或是自己縫製萬聖節服裝，這些都不重要。重要的是我們是否以一種足夠開放的方式投入在這些體驗當中，讓自己真正地參與自己的生命，包含所有的心痛、失望與快樂。如果妳以這種態度當媽媽，無論妳犯了多少「錯誤」，妳都不會出錯。榮格說：「通往完整的正途……總是充滿命運的迂迴與錯誤。」[3] 如果我們有意識地去擁抱這些經驗，成為母親將可以幫助妳變得更加完整。

只要妳願意，母職將是一個長成為最完整自己的機會。不過要聽從這樣的召喚相當不容易。我們可能會發現自己想遠離教養孩子的辛苦掙扎。成為母親往往會喚起一種很難面對的感受，激起羞愧、懷疑，有時候甚至激起我們對自己的憎恨。可以理解的是，妳可能會發現自己透過迴避孩子來迴避這些感覺，要不是花比較少時間在孩子身上，就是在情感上疏離孩子。或者，妳可能會抑制自己內在聲音的線索，過度依賴社會上那些教養孩子的教條。這樣做可以緩解自我懷疑的緊繃感，然而這種緩解背後的代價是犧牲了真實性。妳也將錯失一個更加了解自己的機會。成為母親的黑暗日子是痛苦的，不過，正是在這些經歷之中，我們將自己的根伸向了內在最深的存在基底。

當然，在我們跌跌撞撞、睡眠不足地給孩子餵奶時，可能很難記住我們在心靈上的成長。正值青少年的孩子陷入憂鬱症或自我傷害讓我們心痛與恐懼時，我們很難想到要去認識自己的轉化。我們可能很難察覺這些考驗具有意義。

幸運的是，先驅者留下了一座取之不竭的寶庫，可以當作我們的指南。我們可以借助這些故事來理解自己的經歷，向自己保證我們並不孤單，並感受到我們的苦難是普世共通的，從而讓苦難成為心靈的創造。童話故事就是這些帶有指引的故事。

一位智者曾經說過，童話故事是一個表面上看來荒誕不經，對內在而言卻相當真實的故事。[4]神話與童話故事是普世心靈模式的寶庫，照亮了我們可能在某些時刻苦苦掙扎的生命主題。絕大多數的故事都關乎我們一直在討論的變得完整或個體化歷程的內容。當我們在童話故事中認識到自己時，就會知道自己並不孤單，其他人在我們之前也有過這樣的經歷，也許我們能以不同的方式來看待困境，也許我們能為自己設想更多的選擇，而且對於自己要去的地方有一些直覺，因為我們知道自己在什麼樣的故事裡。至少，知道自己的奮力掙扎是人類普世故事中的一部分，這對我們憂慮的心是一種安慰。追根究柢，我們都是一齣神聖戲劇中的演員，聽到我們的擔憂在美麗而永恆的童話故事與神話語言中得到回應，是一種深層的治癒。

每個人一生中都可能實現的基本原型模式有兩種，一個是英雄，另一個是母親。雖然英雄通常與男人聯繫在一起，母親與女人聯繫在一起，然而，男人女人終其一生都可能被召喚去實現兩者中任一種模式。數不盡的神話與童話故事呈現出英雄之旅的基本面向，英雄必須進入未知的領域探險、屠龍與征服其他挑戰，並帶著嶄新的智慧歸來。母親的旅程也同樣出現在古老而永恆的故事中，母親的模式與英雄模式有諸多共通點，然而在一個重要的方面卻有所不同：她的旅程不是外出，而是下沉。女英雄的故事通常包含一段下沉的歷程。

井的象徵經常出現在神話與童話故事中，它是一個豐富的意象，象徵著與深邃的、賦予生命的水有所接觸，這些水奧祕地從地下世界——無意識——中湧出。在凱爾特神話（Celtic mythology）中，神聖的井是通往另一個世界的通道，井中的水具有神奇或治癒的特質。

小時候，我每年夏天都會到我祖父母在喬治亞州的農場，雖然那裡的房子在二十世紀五〇年代時便已安裝了現代的自來水管道，然而我祖母仍然喜歡從後門門廊處的大木井中打水。一口深井是不可思議的，我記得那種靠在邊緣的危險戰慄感受，那種來自深處而令人暈眩的奇怪回音，即便在酷熱的日子裡也會飄來陣陣寒意，暗示著另一個世界的存在。當我的祖母鬆開水桶時，絞盤嘈雜而劇烈搖晃地一圈圈鬆開，水桶向下墜、向下墜、向下墜，下墜的時間久得不可思議，然後我們才聽到遠遠的水花聲。《象徵之書》（*The Book of Symbols*）中告訴我們，在井邊「我們似乎與另一個神祕的疆界、地下世界、幽暗地域相連接，喚起我們自身對於未知、反思的深度，這是

「一個可能接近無限廣泛的心靈基質。」[5]

一年復一年，十年復十年，我的祖父將他的生存焦慮轉化為對水井將會乾涸的恐懼。然而，這口井從未停止供應冰冷的水，無論我們幾度把水桶送進冰涼的深處，它總是會滿溢地回來。井提醒著我們與深層的、神祕的心靈生命之源的連結，那裡有著取之不盡的直覺、夢境與想像力。

妳有一口永不枯竭的井，儘管有時候可能感覺不到。這口井將妳與智慧、直覺與本能的深層泉源聯繫起來，這是人類的遺產。成為母親的挑戰是一種邀請，讓妳與這份泉源聯繫起來——進入妳的深處，發現內在世界中創造力、意象與意義的無盡泉源。雖然祖父總是擔心如果我們用了太多的水，井就會乾涸，然而就我們所記得的，井其實是在沒有使用時最有可能乾涸。無意識的禮物確實是無窮無盡的——妳越是向無意識尋求智慧，妳就越能汲取它的豐碩。

本書將會指引妳向下沉入這口井，並汲取它的神祕泉源。童話故事、神話與夢境內涵富饒，當妳開始下沉時，這些內涵會在下方等待著妳，下沉將成為妳進入自己深處的第一步。

1 原註：詹姆斯·希爾曼（James Hillman），《靈魂密碼：活出個人天賦，實現生命藍圖》（*The Soul's Code: In Search of Character and Calling*），薛絢譯。（台北：心靈工坊）。二〇一五年。

2 原註：邁克爾·米德（Michael Meade），The Water of Life: Initiation and the Tempering of the Soul (Seatle: Grenfire Press, 2006), 20.

3 原註：榮格（C. G. Jung），《榮格全集》（*The Collected Works of C.G. Jung*）第12卷，Psychology and Alchemy, trans. R. F. C. Hull, 2nd ed. (Princeton, NJ: Princeton University Press, 1968), para. 6.

4. 原註：這段文字是羅柏·強森（Robert Johnson）轉述一名小孩回答「什麼是神話？」的答案，引自《戀愛中的人：榮格觀點的愛情心理學》（*We: Understanding the Psychology of Romantic Love*），鄧伯宸譯。（台北：心靈工坊）。二〇一〇年。

5. 原註：Ami Ronnberg and Kathleen Martin, *The Book of Symbols*, Köln, Germany: Taschen, 2010), 610.

引言

探尋內在資源之旅

意識渴望著大自然的療癒力量，渴望存在的深井，渴望生命與無意識進行任何無數形式的交流。

——榮格全集，第5卷

所有啟蒙之旅都需要一份指引，而本書正希望成為一份這樣的指引。本書所講述的故事描繪著陰性啟蒙歷程中下沉、停留與返回的循環，這是普世共通的過程。當我們透過母親的身份更深入了解自己時，這個循環將反覆出現在我們身上。在妳第一次成為母親時，在妳的孩子開始上學時，在妳的孩子到了青春期、面臨著各式各樣的困難時，或者在孩子離家去上大學時，這所有的經歷都可能提供一份邀請，讓妳下沉至內在源頭，並有所轉變，終而再次返回。在細微之處、抑或在重大之處，母職會有許多可以讓我們認識自己的機會，這本書努力涵蓋了身為母親的所有心靈旅程。

在本書的第一部中，我將探討母職如何一再地將我們推入井中，讓我們墜入奇妙而可怕的內心世界。在下沉的過程中，我們將經歷的是一種失去——失去自由、失去控制與失去自我。第二部中，將探討我們在這片地底世界的發現、以及面臨的挑戰。在旅途中，我們將遇到內心的黑暗，包括被自己鄙視與排斥的部分，這些部分有時候讓人害怕。最後在第三部，歸途中我們將進一步細看當我們重回地面時有望獲得的心靈寶藏，包括成熟的靈魂、嶄新的創造力，以及持續而穩固的內在權威感。

本書中有些故事可能會刺痛妳的心，因為它以非常清晰而直接的方式對妳說話。另一些故事可能看起來很奇怪、或不容易理解。有的故事一開始很難懂，要過些時候妳才能明瞭它所蘊含的重要智慧。當妳閱讀時，留心妳的感覺、想法與浮現的意象。也許寫日記、寫下自己的反應會對妳有幫助。

閱讀本書時，妳也可以留意在這段時間出現的夢境。夢是一種奇怪的語言，妳的無意識透過這個語言向妳對話。榮格曾說：「在我們每個人裡面，都有著另一個我們所不知道的人」，榮格說：「他在夢中對我們說話，告訴我們他對我們的看法與我們對自己的看法有多麼不同。」[1] 夢透過隱喻、意象、象徵與感覺來溝通，夢有時候令人驚懼，有時候又很美，總是令人著迷。即便我們不理解它們，我們也知道它們是有意義的，因為它們蘊含著引領自我的智慧，它們總是揭示著一些我們以往在意識上並不知道的事情。在當媽媽的旅程中，妳的夢境可以指引妳前行。在這本書中，我們有時會針對一個夢境進行探討，並思考其中的意義。

童話故事——如同夢境一樣——如果我們好好享受並重視它們，我們便能從中得到滋養。同樣地，也如同夢境一樣，如果我們更積極地思索童話，它們便更能夠發揮療癒的價值。因此我在每章的結尾都羅列了一些可供思考的問題。要運用這些問題，首先要完整地閱讀該章的故事，然後用這些問題來啟發我們的思索、寫日記或討論。只要回答妳想到的第一個答案就可以了，就算這個答案看不出什麼特別的意義也沒關係，重點是讓故事的意象引導妳與無意識對話，沒有什麼答案是錯誤的。

成為母親是人生中一個偉大的機會，讓我們臣服於轉化之火，這樣的轉化帶來了豐碩的心靈寶藏，令我們成長為我們所要成為的人。然而，必然的是，轉化往往是痛苦、孤獨與可怕的，大多數人在成為母親時或多或少會面臨黑暗，儘管談論這些黑暗的時刻似乎是個禁忌。下沉的歷程必定會歷經黑暗，這就是為什麼這本書中的許多故事都有黑暗的主題。當妳遵循靈魂的指示而進入內在世界時，妳會發現自己處於無意識的疆域，那裡黑暗佔據主導地位。黑暗有時候顯得空洞、讓人不寒而慄，然而實際上，新生命總是在黑暗中醞釀著。妳當母親所產生的感受可能痛苦難熬，然而它們是無可迴避的，正是在這種黑暗中，新事物才得以萌生，正是黑暗創造了變革。

這趟旅程的地圖

在墜入井底的旅程中，我們可能會有什麼境遇呢？童話故事為我們提供了一幅地圖。《兩個匣子》會是這趟井底旅程的指南，以尋求內在世界中的神祕意義泉源。它呈現出下沉、停留與返回這道普世共同的動力，正象徵著陰性的啟蒙。許多故事都描繪著女性沉入深處的境遇，其中最古老的故事可能是美索不達米亞的伊南娜女神（Inanna），祂沉入冥府去找祂的姊姊埃列什基伽勒（Ereshkigal）。這故事與其他這類型故事都傳達出關於女性心靈發展本質的深刻真理，至今仍然適用。《兩個匣子》為我們預備了本書九個章節所將展開的旅程，它將告訴我們，當我們被推落井底時可能會遇上什麼、在井底時必須採取什麼態度，以及歸來之後可能得到什麼寶藏。這是母職旅程中要講的第一個故事，因為成為母親，我們將一次又一次地被推入井底。

兩個匣子

從前從前，某個女人有個粗俗、懶惰又無禮的女兒，她很寵愛這個女兒。女人還有一個繼女，可愛、善良又溫柔，然而女人待她比對待僕人還糟。女人非常討厭繼女，想找機會把她趕出去。有一天，女人讓兩個女兒都坐在井邊紡線，她警告她們，誰的線先斷了，誰就會被丟到井裡。

女人把最好的亞麻給了自己的女兒，這麼一來線便能夠順暢地旋轉，不會斷裂。女人給繼女的則是粗糙的線，很快地便斷了，於是女人一把抓住繼女的肩膀，將她推進井裡。

「這就是妳的末日了！」女人說道。不過她錯了，因為這僅僅是個開始。

女孩墜落到井底後，發現自己置身一片美麗的土地上。她走了一會兒，遇到了搖搖欲墜的老籬笆，上面長滿了藤蔓。「請不要踩到我！」籬笆說，於是女孩小心翼翼地跳過它。接著，她來到一個裝滿麵包的烤爐前，烤爐告訴她，她可以盡情享用這些麵包，想吃多少就吃多少，唯獨懇求她不要傷害自己。女孩吃了一塊麵包，感謝烤爐的慷慨，並小心翼翼地關上烤爐的門。又走了一段路後，她遇到一頭乳牛，牛角上掛著一個水桶。乳牛告訴女孩，她可以擠奶來喝，不過央求女孩不要傷害牠、或將牛奶灑出來。女孩小心翼翼地擠了奶，喝到飽足，然後把桶子掛回去，一滴也沒有灑出來。

最後，她來到一棟小房子，裡面住了一位老婦人。老婦人喚她進屋子裡，給自己梳頭髮。女孩溫柔地梳理老婦人長長的白髮，於是老婦人給了她一份照顧乳牛的工作。女孩把乳牛照顧得很好，當飢腸轆轆的貓來到牛棚時，女孩給牠們喝牛奶，當飢腸轆轆的鳥兒來到牛棚時，女孩給牠們吃玉米。

在女孩照顧乳牛一段時間之後，老婦人喚她過去。老婦人說：「妳為我做的這些，做得很好，」她說：「不過現在我有其他任務要指派給妳。」她拿了一個篩子給女孩，讓她用篩子來打水。女孩被賦予了這樣一個不可能的任務，幾乎要哭了出來，然而這時她用玉米餵養的鳥兒們來了，告訴她灰燼可以堵住篩子的孔。女孩照著做，並按照老婦人的要求把水送去給她。

老婦人很訝異，又給了女孩另一項任務。這一次，她要女孩將黑色的羊毛清洗成白色，再將白色的羊毛清洗成黑色。再一次地，女孩為此傷透腦筋，幾乎要哭了。直到鳥兒們來了，告訴她面朝著東方，便能把黑羊毛變成白色，面朝著西方，便能把白羊毛變成黑色。老婦人再一次對她成功完成任務感到驚訝，甚至有點惱怒。

「我要再給妳最後一項任務，」她要女孩把羊毛織成一件如國王的華服般光滑的袍子，並且要在日落之前完成。然而，毛線要不是纏在一起、就是斷掉了，女孩沒有成功。這時，她用牛奶餵養的那些貓來了，牠們幫女孩編織，到了日落時分長袍便完成了，非常完美。

「因為妳這麼勤奮，」老婦人說：「我讓妳選一個匣子帶回家。」老婦人帶女孩來到閣樓，裡面擺著許多漂亮的匣子，女孩精挑細選著每一個匣子，然而，貓來了，告訴她要選一個樸素的黑色匣子。

回到家裡，她的繼母看到她，可一點也不開心。但當女孩打開黑色匣子時，黃金和珠寶源源不絕地湧出，填滿了女孩睡覺的雞舍。

繼母看到這一幕，她希望自己的女兒也能得到這樣的金銀財寶。她讓女兒坐在井邊紡線，然後在她的織線斷掉時，把她推進到井裡。這個懶惰的女孩比照她的姊姊那樣做，不過她對籬笆、烤爐、乳牛都很粗魯，在牛棚裡的工作也做不好。因為她對貓與鳥兒並不友善，所以牠們沒有幫助她完成老婦人交給她的任務。在她做完這些工作時，這個懶惰的女孩和她的姊姊一樣，被帶到閣樓上選擇匣子。她沒有選擇樸素的黑色小匣子，而是選擇了一個紅色的大匣子，她心想這一定比姊姊帶回家那個黑色小匣子還要裝著更多的寶藏。然而，當她回到家，打開匣子時，大火衝了出來，把她和她的媽媽燒死了。

象徵式的理解

從心靈的角度來解讀童話故事時，我們首先要將故事中的所有元素都看作是心靈的不同面向。因此，繼母、乳牛、老婦人與井都是女主角心靈的一部分，故事向我們揭示了這些元素之間可能有什麼關聯。兩姊妹的個性有如天壤之別，可以理解成是人格的不同面向。沒有人是永遠善良、賢慧而有耐心的。有些時候我們是善良的姊姊，有些時候我們是懶惰、傲慢的妹妹。這兩種樣貌都存在於我們的內心。

在故事的開頭，善良的姊姊任由她殘忍的繼母擺佈。從心理學的角度來講，這是一個被內心批評聲音壓迫的意象，這個聲音責備自己，使自己信心不足。故事中繼母扮演這樣的角色並非偶然。在女人的心靈中，內在的批判聲音往往是從我們真實的母親身上內化而來的。特別是如果我們的母親經常批評與貶抑我們的話。

當我們被內心源源不絕的負面挑剔聲音所壓迫時，就很難從事物中尋得一條堅固不斷的亞麻線。當我們開始行動——一項計畫、一個想法、一個句子——內心的批評者卻會揪住我們然後打斷我們。我的個案卡洛琳（Caroline）喜歡從圖書館借書來看，她很聰明，思緒活潑又充滿好奇心，書中的各種觀點會讓她振奮不已。然而，她觀察到自己經常沒有真的閱讀借來的書，這些書放在她的床邊，當她看到這些書時內在一個嚴厲的批評聲音便衝著她說，她沒有必要追求任何興趣，這些興趣天馬行空，而且她說不定壓根兒讀不懂。這個內在聲音與她父母親在她兒時會對她說的話非常相似，同樣讓她氣餒不已。卡羅琳生活的織線就這麼一直斷掉，她發現自己無法對任何事情有持續夠久的熱忱，無法有所進展。

試著想像一下，如果妳坐在井邊試圖進行任何需要全神貫注的工作，那會是什麼感覺。妳將無法放鬆或專心地做事。妳會不斷意識到自己「處於邊緣」，可能會掉落的威脅如影隨形。許多人就是以這種方式生活著，總是在黑暗情緒的邊緣搖搖欲墜地穩住自己，耗費大量的情緒能量來避免失衡掉落井中。雖然我們可能成功地留在地表，沒有陷入深淵，然而這樣的做法會讓我們筋疲力竭，耗盡心神，難以充分地投入生活當中。

當生命將妳扔進井裡的時候，總是一種痛苦的、驚懼的而茫然迷失的體驗。至於妳最終是帶著寶藏歸來、或是帶著詛咒歸來，這與妳對無意識——井底的奇幻之地——所採取的態度有關。

對待無意識，必須要採取正確的態度。如果妳以傲慢的態度面對無意識，堅持自我的態度、堅持自己的方式，妳可能會遇到無意識極具破壞性的一面。當妳對自己的內在生命表現得像那位懶惰的妹妹，無視來自無意識的提示、期望不勞而獲時，妳會發現計畫出錯、能量枯竭，妳將處處受挫，覺得自己無法信任生命。

如果妳像這位善良的姊姊一樣接近無意識，願意帶著開放與好奇去接觸它，不論它看起來多麼奇怪或一文不值，那麼奇幻之地將會一點一點地向妳敞開。我們小心翼翼地對待我們的夢境，不論它們看起來多麼愚蠢或荒謬。我們關注直覺的微弱悸動，留意自己身體對事情的看法，如果我們以這種方式生活，我們將與無意識保持正確的關係。如同故事中這位姊姊，我們將妥善地服務這位老婦人，並將會得到豐碩的回報。

普世共通的主題

童話與神話故事中充滿了傳遞普世主題的意象，這些主題在不同時期與不同文化中反覆出現。女巫、睿智的老人與母親的意象不過是其中幾個例子罷了。榮格用「原型」（archetype）一詞來描述這些與生俱來的基本模式，是我們普世心靈傳承的一部分，它們存在於我們所有人身上。原型是建構我們心靈生活的共同內在模式，儘管它們展現出來的方式各有不同，不過這些能量的象徵性主軸總是源自於同一個深層源頭。這些原型是古老的，與我們最深層的本能智慧有關。當我們遇到它們時，它們往往會激起強烈的情感。

井是原型意象的一個例子，象徵著進入深淵的過程，既令人恐懼又蘊含創新的可能。井是我們故事的核心隱喻，也是這本書的核心隱喻。井通常與陰性有關，在許多文化中井都是女神的聖地。當我們喝下井水時，我們就會歸返到神聖的陰性內在。如同任何啟蒙的經歷一樣，這樣的旅程將迫使妳交出掌控，下沉到內在的深處，在那裡等著妳的是與靈魂對峙的過程。如果妳懷著謙遜、好奇而開放的心態，這樣的經歷有可能是變革性的，擴展我們對自己是誰的認識，讓我們體悟到自己身處於時間分秒之間的哪一個片刻，並確認我們在宇宙中的歸屬。

當妳沉入井底時，妳會遇到神聖女性的原型，當然就是老婦人了。老婦人住在妳心裡，妳將在妳的母職之路上遇到她。如同所有原型一樣，老婦人擁有兩個面向，她可以賦予生命與創造力，也可以有懲罰性與破壞性。這個故事的其他版本告訴我們更多關於老婦人神祕的雙重本質。在一個版本中，老婦人在抖落她的羽毛床時，地球上下起了雪，這很清楚地呈現她不是別人，而正是位原始的自然女神。其他版本的故事則特別強調了她的怪異詭譎，她有著奇異的大牙，頭髮上長滿了蝨子，或者她能夠將自己的頭隨手摘下並替換。她始終是矛盾的，既能賜予豐厚的寶藏，也能引發巨大的破壞。這永遠是構成心靈生活基礎的能量特質，當妳成為媽媽時，妳可能會遇到她的雙重面向。

另外兩個原型意象在這個故事中特別突出，因此值得進一步探討。紡線與織布是關鍵主題，貫穿了整個故事。這些不起眼的活動具有很大的象徵意義。在希臘與北歐神話中，控制人們生活的命運之神是紡紗者與織布者。紡紗與織布在這個故事中的特殊地位讓我們明白，它表現的是，我們是如何透過日常生活中無數的選擇，來建立我們命運結構的基礎。

乳牛是另一個在故事中多次出現的意象，乳牛是無意識的滋養與母性的象徵。在北歐與埃及的神話中，牛與人類的創造有關，在印度教中，牛也是神聖的。在這個故事中，乳牛的重要性強調了神聖的陰性存在溫柔地賦予生命，與怪異而可怕的面向並存。這提醒了我們，我們總能在內心找到創新的滋養。即便妳遇到老婦人可怕或怪異的一面，也要記住，溫柔的乳牛也是妳的一部分，也是存在的。

陰性啟蒙

從本質上來說，《兩個匣子》和許多類似的故事都描繪了進入冥府的歷程，女主角遇到了一個有時具有威脅的神聖女性，這是陰性啟蒙的意象。這些故事呈現出自人類意識誕生以來普世女性所面臨的一個古老原型模式。旅程包括三個不同的階段：下沉、停留與返回。這些階段與世界各地的啟蒙儀式相同，啟蒙者首先必須與家庭與部落分離，而後歷經磨難，最終以嶄新的身份回到家庭與部落中。啟蒙儀式的目的在於讓我們走上自己的道路，讓我們的心靈對與生俱來的深刻、神祕目的敞開。

於今，我們鮮少參加過正式的啟蒙儀式，然而，即便沒有這些儀式，生活也會推動我們。啟蒙性的生活事件將會讓我們敞開，將我們甩離熟悉的步伐，並讓我們挑戰新的、更廣闊的路途，重新建構對自己的認識。無論我們是否有意識地覺察到，我們都將一次又一次迎接進入人生祕密目的的機會。生活為我們提供了無數的機會，讓我們沉到井底，帶著心靈完整性的豐碩寶藏凱旋歸來。任何具有挑戰性的經歷都可能讓我們進入內心深處，然而，成為母親可能是其中最有效的一件事。

針對探尋內在資源，可以反思……

1. 啟蒙總是與考驗我們的磨難有關，它將重重地打擊我們、揭示我們的命運。即便我們沒有經歷過正式的啟蒙儀式，生命也會引領我們啟蒙。在妳的生活中，有什麼事情如同一份啟蒙呢？

2. 假設妳是非常討厭繼女的繼母，一直在想辦法擺脫繼女。在妳的生活中，有沒有什麼事物會讓妳有這種感覺？是否有什麼東西是妳有時會想將它扔進井裡的？也許妳對自己的某個方面相當鄙視？是否有時候妳對待自己的某部分比對待僕人還糟呢？

3. 這位善良的女孩必須要坐在井邊，嘗試紡織容易斷裂的粗糙麻線。在生活中，妳在哪裡曾遇過像這樣的危險處境？或是曾被賦予一份不可能完成的任務？

4. 當這位善良的女孩試著紡線時，線一直斷裂。有時候，我們在生活的某些面向努力嘗試，卻一直無法成功。在妳的生活中，什麼時候像是這樣呢？

5. 善良的女兒在毫無預警的狀況下被推下黑暗的深井，這想必非常可怕，她不知道自己是否能在墜落中倖存下來，當然她也不知道在井底等著她的是什麼。在生活中，妳什麼時候曾面對過這樣可怕的未知呢？

6. 妳什麼時候曾像善良的女兒那樣對待自己的內心生活？也許妳允許自己在感到疲倦時休息，或以其他方式傾聽身體想要告訴妳的事情，也許是妳寫下了自己的夢想、或聽從內在直覺？

7. 妳是否曾用如同懶惰女兒那樣的方式對待自己的內在生命呢？舉例來說，也許妳忽略了來自無意識的訊息，在妳感到疲憊或耗竭的時候，仍然強迫自己無論如何都要堅持下去。或者，也許是妳將無意識的寶藏——例如夢境或情緒——視為理所當然。

8. 妳選擇了哪一個匣子呢？描述一下妳最近一次選擇像是黑色匣子的事物的時刻。例如，也許妳選擇了一些不那麼出名或耀眼的事物，最終卻令妳比預期的滿意。或者在生活中，妳是否曾選擇了類似於豪華紅色匣子的事物呢？例如也許表面上非常耀眼奪目，最終卻損害了妳內在的幸福或富足。

---

1. 原註：榮格（C. G. Jung），《榮格全集》（*The Collected Works of C.G. Jung*）第10卷，Civilization in Transition, trans. R. F. C. Hull, 2nd ed. (Princeton, NJ: Princeton University Press, 1970), para. 325.

第一部

墜落井裡

down to the well……

第一章

失去自由

除非我們接受自己的命運……

沒有什麼分離個體化，我們只是一場意外，一個什麼都不是的凡人。

——榮格，《分離個體化歷程》

被扔進井裡會讓我們發現，我們其實受制於意識所無法控制的內在與外在力量。首先，這樣的墜落伴隨著許多失落，包括失去自由、失去控制，甚至是失去自我。有太多方法可以擊倒一個母親了。而找到返回地面的路對某些人來說可能比較困難，這取決於我們與孩子的關係的本質，以及我們自己是如何被教養長大的。我們發展中的自我感（sense of self）勢必在長大的過程中承受某些傷害，而這些傷口會在我們成為父母時以新的形式浮現出來，這對我們來說會是項獨特的挑戰，但也同時提供了修復傷口的機會。如果妳的自我感不穩定，妳可能會覺得當媽媽是對妳僅有的自由或自主性的一種威脅。那麼墜落井中的旅程很可能會令妳痛苦並擔憂，但它也會帶來與妳自己的存在深入連結的可能性。

被自戀的父母養大的人心中會留下傷口，讓做母親這件事變得特別困難。如果妳的父母會要求妳滿足他們的需求，或者要妳鏡映（mirroring）[1]他們來幫助他們調節自己的感受，那麼妳的自我感很有可能會比較薄弱。以這樣的方式長大，直到妳成年時，妳很有可能對於自己是誰、什麼對妳來說是重要的感到一無所知。自己是否可以擁有自己的感受，或者是否可以為自己的需求提出要求，妳對於這些感受的知覺很可能是受創的。妳會發現自己很難對任何事情做出承諾——包括妳自己的生活。若妳從未被教導要如何保護自己、為自己挺身而出，那麼成為母親這件事會很容易淹沒妳，讓妳感覺受到限制。

母職會讓我們墜落井中，這首先暗示的可能是一種被困住的經驗——我們的自由與選擇受到限制。若我們在成為母親之前沒有機會鞏固對「自己是誰」的認識，那麼這種被強加的限制可能會被視為一種痛苦的約束。一個女人可能會因為為人母必須不斷應付各種需求而精疲力竭，在設立界線或尋求幫助時遇到阻礙，因而怨恨孩子。

若妳因為自己的母親在生理或情感上無法照顧妳而「失母職」（unmothered），這可能會令妳成為母親時，發現心中有許多未解決的議題。在這種情況下，當媽媽的旅程可能會帶妳走過一條漆黑的道路，成為媽媽可能會重新喚起被遺棄和孤立的毀滅性感受。當熟悉的痛苦情緒再次出現時，這趟旅程將會變得艱難。但請相信這些傷口會再次被喚醒，是因為這樣妳才有機會療癒它們。對妳的內在世界保持開放的態度，即使痛苦，但也總是伴隨新生的可能。

綁架與囚禁

康絲坦斯（Constance）在第一個孩子出生後不久就開始接受我的治療。孩子出生後，她辭去了律師助理的工作，對自己的婚姻感到孤獨和絕望。「我覺得被困住了，」她說，「我只想逃跑。」

康絲坦斯從來沒有機會了解或發現自己喜歡什麼，她從來沒能找到真實的「要」，因為她也從來沒有被允許說真實的「不要」。康絲坦斯生在一個富裕的波士頓家庭，在特權和舒適中長大。然而，她的母親有許多脆弱的、未被滿足的自戀需求，從康絲坦斯很小的時候開始，她母親就會要求她滿足這些需求。

例如，康絲坦斯三個月大時，母親費盡心思地為她策劃了一場精緻華麗的受洗儀式，還聘請波士頓最好的外燴公司於儀式後在市中心一家高級俱樂部舉辦午餐會，來自各地的家人和朋友都趕來參加這個活動。然而受洗當天，小康絲坦斯發燒了，儘管她無精打采，而且顯然很不舒服，但她母親餵她服用了乙醯胺酚[2]，並繼續讓她穿上特別訂購的昂貴受洗袍。母親沒有在教堂儀式結束後把生病的她帶回家，而是帶著她在午餐會待了一整個下午。這個故事已經成為家庭傳說，但她母親堅持說她不知道那天康絲坦斯有多不舒服，因為那天她甚至沒有哭過一次。康絲坦斯留著她在聚會上的照片，眼睛呆滯、臉頰通紅的小康絲坦斯，被各個來訪的親戚抱著並反覆拍了很多照片。兩天後，她因呼吸道感染入院，好幾天沒有回家。

在康絲坦斯長大的過程中，她被期待是個順從而迷人的孩子。她的母親很瘦，總是在節食。然而，康絲坦斯是一個肉肉的孩子，青春期時體重也變得比較重。康絲坦斯痛苦地回憶起母親在她初中和高中時期帶她去參加的減肥營，以及去看過的減肥門診和醫生。她覺得自己不夠漂亮和苗條，讓媽媽失望了。康絲坦斯在我們的會談中帶來她小時候的照片，所以我才有機會看到她「胖」的時候。在一張照片中，十二歲的康絲坦斯和表妹一起站在海灘上，兩個女孩都穿著泳衣，康絲坦斯看著鏡頭，帶著有點猶豫和不確定的微笑。她看起來有點肉肉的，臀部從泳裝中露了出來，尤其是當她站在有著像長頸鹿般細長手臂和腿的表妹身邊時。但十二歲的康絲坦斯一點也不胖。我看著這張照片，看見她臉上試探性的微笑，看見她眼睛裡的疑問。我知道，那個時候，她已經在媽媽的堅持下開始「節食」了。

當康絲坦斯長大成人時，她已經十分習慣去感知和滿足周圍其他人的需求。在成為母親之前，康絲坦斯用一種她被教導要仰賴的重要策略來駕馭她的生活，以便與自戀的母親一起度過童年：她要配合對方的需要。幾乎在她和查爾斯才開始約會的時候，查爾斯就很積極的要跟她結婚。康絲坦斯回憶說，她當時甚至不確定自己對查爾斯的感情，她覺得自己被他的堅持推著走，而她也從來沒有站穩自己的立場把事情慢下來。兩年之內，他們結婚了，並且生下一個寶寶。

康絲坦斯愛她的兒子，也是一位細心的、充滿愛心的母親。但她兒子是個難以養育的寶寶，有著特殊的醫療需求，並且需要大量的照顧和監測。因為康絲坦斯從未真正選擇結婚生子，因此對她來說不管是婚姻，還是當媽媽帶來的失望與挑戰，都變得相當困難。她才正要開始為自己創造各種可能性，孩子就出現了，像是剝奪了她才剛開始想像的成長和探索似的。

有一則蘇格蘭的童話故事描述了沒有堅定自我感的女性心理狀態。《賽爾克[3]新娘》是一個女人覺得被婚姻和母職所綁架和監禁的故事。

賽爾克新娘

曾經，有位貧窮的農夫在仲夏夜的月光下遇到了三位美麗的少女在海邊唱歌。他著迷的站在暗處看她們，但當他邁出步伐靠近這三位少女時，她們迅速穿上灰色的袍子溜進了水中。

農夫大受打擊，因為他愛上美麗的少女們，忍不住夢想其中一位少女能成為他的妻子。

後來，他求助一位女智者，她告訴農夫這些少女是賽爾克人，她們在水中是海豹，但是上岸後可以脫掉海豹的外皮像人類一樣行走。她告訴農夫一個方法，可以捕獲並留住一位賽爾克少女在他身邊。

當第二年仲夏來臨時，農夫知道賽爾克少女會再度出現，於是他躲起來等著。他看見她們浮出水面並脫掉了灰色的海豹皮。時機降臨，他從陰影中衝出去並奪走其中一張海豹皮。兩個賽爾克少女警覺地穿上她們的外皮迅速溜進水中，最後一位少女卻痛苦地環顧四周，她的姊妹們在海中呼喚她，但孤單的少女赤身裸體地獨自站在岸邊顫抖著眺望大海。農夫走到這位少女跟前，用外套輕輕披在她身上，並帶她回到自己的小農場，承諾會當一個好丈夫。

自那天起，他們像夫妻一樣生活在一起，這位農夫果然如他所承諾的是一位好丈夫，為這個小家庭努力工作養家。按照那位女智者所建議的，農夫把海豹皮小心地藏在一個鬆動的磚塊後面，並且每年會偷偷地拿出來一次，幫海豹皮上油，確保它完好無損。賽爾克新娘也盡責地為丈夫持家，生下幾個漂亮的孩子，每個孩子都像媽媽一樣有著楚楚可憐的棕色眼睛。然而，她經常在黃昏時分去海邊，在那裡若有所思地凝望大海。儘管她深愛著孩子們，但他們卻從未見過她的笑容。

有一天，她最小的兒子跑來問她為什麼父親在鬆動的磚頭後面藏了一張皮，賽爾克少女先是震驚，而後眼睛一亮，她跪下來叫兒子帶她去看。當她拿回外皮後，熱情地擁抱了兒子一下，並頭也不回地跑到岸邊，再也沒有出現過了。

賽爾克的故事中總是有美麗的變身女性非自願地遭到人類男性誘拐，這些故事充滿了悲傷和渴望。從心理的角度上來說，這些故事描繪了當一個女人從來沒有機會自由地選擇自己的生活方式時會發生什麼事。最終，承諾會被經驗成犧牲自由，令人無法忍受，她渴望逃跑，想像逃跑就可以保護她脆弱的自我。

竊取外皮通常被解釋為女性被迫屈從的意象，這確實是我們可以理解的方式之一。為了滿足對婚姻和母職的傳統期望，女性經常被要求將自己與她內心深處的野性分離。根據這種理解，這個困境並沒有真正的解決方法。女性失去自由是不可避免的、悲慘的、無法挽回的。如果這個版本的故事是我們的真相——雖然令人難過，但我相信對某些人來說真是如此——那麼成為母親將不是一種成長的經驗，而是一種阻礙。要堅持我們的需求與渴望，還是要為服務更大的事物而犧牲我們的需求與渴望，這兩者之間若要保持平衡，需要韌性和創造力。具支持性的合作夥伴、家庭、工作場所和社會規範，則能讓一切變得不同。

犧牲的回報

還有另一種理解竊取外皮的方式。成長的關鍵發展任務之一，是犧牲我們年輕時擁有的無限潛力，以換取成年的限制和穩定性。當我們還年輕，還沒有對伴侶、孩子或事業做出認真的承諾時，我們假設性地擁有所有的可能性。但在某個時刻，我們會被要求為現實生活犧牲無限的可能性。成為母親往往是許多人面臨這種犧牲的時候，正是在這個發展階段，賽爾克少女遇到了困難。

如果做出這樣的犧牲，我們就會改變，甚至可能以令自己驚訝的方式成長。然而，如果不能做出必要的犧牲，我們可能會繼續做永恆少女，儘管有著成熟的外表，但拒絕放棄年輕的事物。在心靈（psyche）中，當我們不能讓某樣東西死去時，結果就是我們也無法完整地活著。

為了在獨特的人生中站穩腳跟，妳必須犧牲無限的可能性去面對平凡命運的現實。當妳這樣做時，用榮格分析師瑪麗-路薏絲．馮．法蘭茲（Marie-Louise von Franz）的話來說，妳就接受了「被牽絆住，完全融入在時間與空間中，被定位成某種固定的形象」[4]的必要性，這是為了擁抱成熟而必須做出的犧牲。

海豹的外皮則是保留了可以回到開闊水域生活的選擇，它可能象徵年輕女性生命中某段重要的時期，這段時期中她可以無拘無束地進行各種嘗試，並只關注她自己。然而在某些時候，這樣的外皮也應該被擱置一旁，為新的生活騰出空間，為一個更大的目標效力，可能是關係、事業，或照顧孩子。當我們下定決心不惜一切代價也要抓住自己年輕的生命時，我們的海豹皮被竊取會被視為一種可怕的侵犯，而事實上這是一件會為我們的成長創造機會的事。

如果我們從心理上來細想這個故事，希望將賽爾克少女束縛在人類女性這個固定型態中的農民是一種內在能量（記得我們假設故事中的每個角色都代表了心靈〔psyche〕的一部分）。對於有賽爾克心理的人來說，農夫代表了想要安定下來過一種相對普通的生活的那部分人格。由於他是一個小農，我們可以看到這部分的心靈確實非常樸實和實際，不像滑溜溜的賽爾克少女。以這個角度解讀故事會使事情變得非常矛盾，農夫的能量是壓迫性的嗎？或者他也可能是一種積極的、紮根的衝動，可以打開通往新生活和新成長的道路？

失去外皮

根據對這個故事的各種理解之一，賽爾克少女有機會透過變得腳踏實地而成長，但最終她沒有做到。故事的開頭暗示她的自我感太羸弱，無法經歷所需的轉變。這個賽爾克少女既沒有名字也沒有獨特的身份，農夫不分青紅皂白地抓起一張外皮，並沒有挑出某個心儀的對象。女主角也從未從其他賽爾克少女們中分化出來，即使在陸地上待了這麼長一段時間，賽爾克新娘也沒有設法鞏固其個別性，而且一旦陸地上不再有任何東西支持她，她就很容易回歸到那水一般淡薄的無意識中。

表現出這種模式的女性可能沒有機會發展她獨特的品味和喜好，她可能沒有強烈的自我感，也可能在心理上沒有與父母分離。賽爾克女性在成長過程中從未被允許可以讓人失望或讓人不愉快。如果我們無法安全的知道，雖然我們不同意或不合某人的意，也還是會被愛和被接受，我們就無法了解自己真正的模樣，以及對我們來說真正重要的事情是什麼。我們會覺得與所愛之人發生衝突或生氣是非常不舒服的，因此，我們受制於他人的願望、需要和要求，因為沒有能力說不或堅持自己的需要。在這種沒有保護和極度脆弱的狀態下，別人很容易奪走我們的自我，偷走我們脆弱的身份認同的外皮。

從來沒有人幫助康絲坦斯去感受和表達她的真實反應。康絲坦斯敏感、直覺敏銳、性格內向，她發現自己在與任何人（朋友、家人，甚至店員）互動的時候很難不去關注那個人的需求並尋找滿足他們的方法，可以想像這會多麼令人感到負擔和疲憊。她發現，只有在她一個人的時候，她才能成為她自己。當康絲坦斯和別人在一起時，她必須時刻保持「友善」，將自己變成符合對方期望的樣子。因此，她花了大量的時間與她的本質隔絕，在這種狀態下，她變得越來越疲憊和憂鬱。

當妳不知道自己的需求或覺得無權替自己的需求發聲時，妳就有風險被那些對妳提出要求的人所束縛住。當康絲坦斯遇到查爾斯時，她忙於無意識地迎合他的需求和喜好，以至於她幾乎沒有時間意識到自己對他的感受。正因如此，在她有機會嘗試生活的各種可能性之前，在她完全了解自己是誰，並且可以做出有意識的選擇之前，她發現自己被「誘拐」到了這段關係之中。

通常，賽爾克女性都有自戀的母親，這些母親自己也需要被女兒鏡映（mirrored）和在情感上被照顧。演員布魯克・雪德絲（Brooke Shields）就是一個賽爾克女性的例子，她曾寫過她與母親泰瑞（Teri）間的複雜關係。泰瑞非常保護她的女兒，同時也與她糾纏不清。在關於她母親的回憶錄中，雪德絲列舉了諸多她在情感上照顧脆弱、酗酒的泰瑞的方式。在一個例子中，雪德絲談到她與大學時期的男友發生第一次性關係是多麼困難，因為做愛感覺就像是與母親分開的行為，而且她也不清楚自己想要什麼。她無法了解自己真實的喜好，無法決定自己是否想要失貞於男友，因為她的母親在她的心靈中佔據了太大的位置。「即使媽媽不在身邊，我也覺得她在看著，」[5]雪德絲寫道。

那些像康絲坦斯或布魯克・雪德絲那樣不得不去滿足父母情感需求的人，會被迫交出他們的真實感（sense of truth），因此他們失去了（或從未獲得過）對自己的歸屬感。對於一個有賽爾克心理的人來說，承諾不是自願的，因為她並不真正屬於自己，所以她也無法把自己交給任何人或任何事。因此，像婚姻或孩子之類的承諾對她們而言像是強制約束。當這樣的女人有了孩子，做媽媽的經歷可能會被體驗為一種毀滅性的失去選擇，被困在並非意識所選擇的固定型態當中。

暫時的承諾

賽爾克的海豹外皮被藏在一塊鬆動的磚塊後面，這是一種暫時承諾的意象。與過去生活的聯繫並沒有完全切斷，代表農夫的那部分心靈添加上了對過去無憂無慮生活的隱密依戀——隱喻著這個心靈對新生活試探性的、矛盾的承諾。動物新娘（或新郎）的故事是常見的主題，在世界各地都是如此。在某些故事中，人類捕獲者必須迅速燒掉新娘的動物外皮，雖然這可能聽起來很暴力和壓迫，但這些故事通常有快樂的結局。由於燃燒是從一種物質變成徹底不同的另一種物質的完全化學變化，因此在故事中外皮被燒掉，可以從心理上理解為這意味著新的（人類）身份已經完全整合。這個會變身的動物已經真正改變了，過去的人生已經在轉化之火中被犧牲了，所以可以完整地活出和擁抱新人生。

像賽爾克少女一樣，康絲坦斯從未對她的婚姻做出承諾。當她和丈夫之間的關係越來越緊張時，離開的想法總是會浮現，就像隱藏在磚塊後面的海豹皮一樣，並且她也非常不願意放棄那張外皮。有幾次狀況嚴重到她和丈夫準備尋求伴侶治療的地步，但每次都是康絲坦斯有所顧慮。當我和她探討為什麼會這樣時，我們開始明白，對她的婚姻做出這種程度的承諾（真正試圖解決困擾他們的問題）對康絲坦斯來說是非常具威脅性的。這麼做就等於把海豹皮燒了，然後她就逃不回水裡了，她的退路就被切斷了。這種隨時可以離開的想法，會讓她覺得處在一種比較可以忍受的狀態中。

成爲賽爾克的隱藏好處

當賽爾克女性有一個隱藏的好處。就像童話故事中的女主角一樣，那些還不了解自己是誰的女性是可以變身的，可以按照她們的感覺在不同的型態之間切換。這種特質對男性來說特別有吸引力，他們可以投射任何他們想要看到的特質到這些女性身上，而賽爾克女性會無意識地背負這些投射來討好他們。因為賽爾克女性願意變成她周圍的人需要她成為的任何人，她永遠不必面對為了鞏固堅定持久的自我感所帶來的限制。她可以保持流動，可以隨時回到無限可能的大海。

賽爾克女性可以繼續做「永恆少女」，榮格稱之為小女孩（puella）的原型。這樣的女性即使年齡增長，仍輕快飛舞地存在著，享受著年輕人的生活方式。這樣的生活很令人興奮，但也需要付出代價。朱莉（Julie）第一次來見我時已經四十歲了，但她的短裙、及膝靴和蕾絲上衣似乎更適合比她年齡小上一半的人。她嬌小、漂亮、端莊，在我們一起工作的過程中，她坦承她從來沒有安於與皮特（Pete）的婚姻，皮特是一個穩重但乏味的人。這對夫婦結婚時兩人才二十三歲，但他們已經很多年沒有親密的身體接觸了。取而代之的是，朱莉與那些令人興奮的男人們享受婚外情，卻又在他們拒絕承諾時感到失望。沒有情人的承諾，朱莉覺得自己不能放棄婚姻帶來的穩定。朱莉還沒有接受要放棄無限可能的必要性，她堅持讓自己所有的選擇都留有餘地，她以一種少女的模式生活著。儘管她很享受深夜外出和新戀人帶來的樂趣和興奮，但她並沒有改變或發展。

讓自己放棄自由，擁抱平凡的命運，是一種失寵，是一場小小的悲劇。康絲坦斯總是在腦海中幻想著逃跑，她總是有種某個地方存在無限可能的錯覺。每當她預備真正投入當下的生活時，經常被幽閉恐懼的恐慌感所淹沒。因為這麼做意味著要接受生命是有限的和有缺陷的，這比她自己本來可能想像的還要少了些什麼。另一方面，這意味著她終於要變成真實的人，是由堅實的物質組成的，儘管並不完美。

布魯克．雪德絲也經歷了作為母親所需做出承諾的困難，在她勇敢自白產後憂鬱的回憶錄中，她詳細描述了在女兒出生後她所經歷的崩潰。從小照顧母親，順從母親意見的她，輕易地被照顧嬰兒的需求壓得喘不過氣來。因為她這輩子都在為她酗酒的母親負責，當她發現自己要為這個新的小生命負責時，她會感到被吞沒和怨恨也就不足為奇了。

塞爾克女性夢想著逃跑，雪德絲的逃跑幻想對於賽爾克心理的女性來說是典型的例子，她承認她「花時間幻想永遠消失。」[6]童話故事中最引人注目的一點是母親總是輕易地離開她的孩子們。我們看到她在陸地上生活了這麼多年，從未停止過對回歸大海的嚮往，她一直在等待一個這樣的機會。令人心酸的是，我們意識到她從未完全依戀過誰。

當我們從未發展出牢固的自我感時，逃離孩子、拋下承諾、遠走他方似乎是一種神奇的解決方案。當康絲坦斯在兒子出生後困難的第一年時光裡，感到被丈夫在情感上拋棄時，她立即陷入了無聲的絕望之中。要表達她需要與他有更和諧的互動，遠比麻木地堅持下去的想法更可怕。康絲坦斯困在這兩個狀態之間，一方面在關係中感到孤獨和悲傷，另一方面要冒著表明立場會帶來衝突的風險。除了逃跑之外，她沒有找到令人滿意的解決方法。她幻想著離開她的丈夫和孩子，去西部獨自生活。逃跑似乎是解決她困境的唯一可能答案。她無法想像還有任何其他方法可以讓自己留在這段關係中，同時對正在誕生的新生自我感抱持真誠的態度。

追根究柢，《賽爾克新娘》是一篇失敗的啟蒙故事。故事中的母親面臨一個十分艱鉅的挑戰，那就是要在真實自我的土壤中紮根成長，並與內在的農夫能量完全結合起來，但她並不知道要如何做到這一點。就像一株飄落在淺薄土壤上的植物，它的根無法深入生長，賽爾克女性很容易被沖走，即便是溫和的風也能把它吹倒。她的回歸大海和她的海豹形態意味著她已經變得不那麼有意識了，她回到水裡，回到了不那麼分化的海豹的存在形式。在故事的結尾，她並沒有改變，僅只是回到了她最初的狀態。從這個意義上說，賽爾克女性很像《兩個匣子》[7]裡那個下到井裡去的懶女兒，無法做出必要的犧牲去轉變和成長。

如果生命的任務是成為我們命中注定要成為的人，那麼賽爾克女性就有生命為她安排好的功課。成為母親為賽爾克女性提供新的機會去了解什麼對她來說是真正重要的事情，這可能是與父母分離並開始了解自己真實面的催化劑。對賽爾克女性來說，為人母是一個可以將自己的需求與他人的需求切割開來、表明自己立場、並對自己做出承諾的機會。當我們能夠迎接挑戰並經歷所需要的轉變，從而帶著寶藏回來時，那會是什麼模樣？要回答這個問題，我們可以來看看另一個變身少女的童話故事。

天鵝少女

從前有一個獵人，在某天傍晚的日落時分來到湖邊，當他望向湖面，他看見七隻天鵝降落在水面上，牠們游到岸邊，魚貫爬上岸，脫下毛茸茸的天鵝外皮，變成了美麗的少女。她們之中最可愛的，就是最年輕的那個。獵人入迷地看著，但他並沒有失去理智。他小心翼翼地悄然靠近她們，倏地伸手抓住最小也是最年輕的天鵝少女的羽毛長袍。少女們嚇了一跳，每個人都迅速披上天鵝袍並飛向天空，只剩下最小的那個獨自蜷縮著，拚命遮掩她赤裸的身軀。獵人拿自己的斗篷披在她身上，把她帶回家，讓她成為自己的妻子。

這對夫婦美滿地一起生活了很多年，有了兩個孩子，一個男孩和一個女孩。他們的母親全心全意地愛著他們。有一天，孩子們在玩捉迷藏，女兒發現在閣樓的角落裡塞了一件佈滿灰塵的羽毛長袍。出於好奇，女兒拿著羽毛長袍去找她的母親。母親摟著女兒的肩膀，看著她的眼睛說道：「告訴妳的父親，如果他還想再見到我，他必須到太陽東邊及月亮西邊的那塊土地上找到我。」然後她就穿上羽毛長袍飛走了。

她的丈夫回到家，一聽到這件事情就立即出發了。他費盡千辛萬苦，得到了百獸之王、百鳥之王、以及百魚之王的幫助，終於找到這個遙遠的地方。途中，有一對吵得不可開交的兄弟請他幫忙解決遺產糾紛，他們的遺產包括一頂戴上後可以隱形的魔法帽和一雙可以將穿上它的人帶到任何想去之處的魔法鞋。獵人欺騙了兄弟倆，把這些東西據為己有，最後利用這兩樣法寶到達了他妻子居住的水晶山。

獵人走向水晶山的國王，向國王解釋他是他小女兒的丈夫，是來接她回家的。國王說：「如果你能夠從她的姊妹中分辨出哪一個是她，我就相信你說的是真的。」

國王把他的七個女兒叫到獵人身邊，她們全部都出現了，但穿著羽毛長袍的她們每個看起來都一模一樣，每一隻天鵝看起來都很相似。

獵人並沒有就此灰心，「如果我可以看看她們的手，我肯定能夠認出我的妻子。」他對自己這麼說，因為妻子曾在為孩子們縫製衣服時，在右手食指上留下針刺的痕跡。他端詳每位天鵝少女的手，果真很快地找到了他的妻子。水晶山國王送給這對夫婦許多貴重的禮物，並送他們回家。不久後，他們便回到家與孩子們相聚，從此過著幸福快樂的日子。

天鵝少女的故事乍看之下與賽爾克新娘的故事非常相似，但馬上就會發現重要的差異。值得注意的是，大多數賽爾克的故事都是農夫隨機地拿走一張海豹皮，希望可以抓住任何一位賽爾克少女。我們看到，這種個別性的缺乏預示著賽爾克少女最終未能鞏固一個獨特的身份。在天鵝少女的故事中，獵人則找出最年輕、最漂亮的天鵝的外皮，並特意挑選了那張外皮。這個主題在故事的高潮再次出現，也就是當獵人必須再次從其他天鵝中認出他的妻子時。

因此，天鵝少女在故事的一開始就對自己的個別性有初步的認識，她從一開始就被視為是獨一無二的人，並且在故事的結尾，也發展和圓滿地鞏固了其個別性。

妳既獨特也平凡

這個故事有一個重要的主題涉及了個別性的概念。無獨有偶地，了解我們自己的特質，對我們能否成為命中註定要成為的人來說，會是一項關鍵因素。為了發展出更牢固的自我感，女性需要了解那些讓她自成一格的獨特喜好和怪癖。她會表達自己的好惡，而非對他人的想望隨波逐流。這則童話故事告訴我們，為人母可以是一種讓人產生獨特自我感的經驗，天鵝少女的手指上留下了為孩子們縫製衣服的針刺疤痕。而為人母的日常挑戰也確實會留下傷疤，標示著女性作為一個具有其獨特歷史的個體。即便離世很久，從一位母親的遺骨上也看得出她曾生過孩子，母職會在我們身上留下永遠的標記。

在這裡我們看見天鵝少女和她結疤的手指的重要性，透過臣服於為人母的平凡命運，以及母職帶來的無盡的瑣碎任務，她已經成為一個獨特而完整的個體。她離開了那個讓人不會長大、也沒有任何風險的無限可能性的王國，並以一種具體的方式擁抱了這個能讓她走進自己生命甜美之處的機會。

一旦為人母這件事在她身上留下印記，天鵝少女在她的姊妹們中就不再那麼難以區分了。在她每天為孩子們的辛勤付出中，她成為了獨一無二的自己。就像《兩個匣子》中裡面那個下墜到深處的善良女兒，她以恰當的態度，做出了蛻變所需的犧牲；天鵝少女也從一隻高尚的天鵝降落成為一個實實在在的女人。儘管她在故事的中間表現出對新生活的矛盾態度，但在故事的結尾，她已經犧牲了永恆青春的幻想，並接受了自己的平凡。要像天鵝少女那樣做，需要我們放棄一種令人興奮但膨脹、且不切實際的無限可能性，來換取牢固地根植於自身真實性的自我經驗。

擁抱生命需要妳優雅地接受妳平凡的人類命運。經典童話故事《絨毛兔》（*The Velveteen Rabbit*）中的真皮馬（Skin Horse）知道，當我們放棄完美的自我膨脹，並承認自己的平凡時，我們會獲得無價之寶。

> 妳成為……這需要經過很長一段時間。這就是為什麼它不經常發生在容易弄壞、邊緣鋒利或

> 必須被小心保管的玩具身上。一般來說，當妳變成真的時候，身上大部分的毛都會因為被愛而掉光，眼睛也會脫落，身上接合的地方還會鬆掉，全身變得破破舊舊。可是這些都無所謂，因為一旦變成真的，除了不了解狀況的人之外，不會有人嫌妳醜。[8]

天鵝少女的傷疤和真皮馬身上斑駁的外皮是美麗的，因為它們是獨一無二旅程的見證，是活過與愛過的痕跡。

傾聽自己的聲音

培養獨一無二的自我感需要我們傾聽自己的聲音。布魯克．雪德絲發現成為母親幫助她傾聽這些聲音，並最終能夠聆聽自己的本能、直覺和想法。她能夠將自己與自己的母親區分開來，並聽見自己真正的渴望。

> 我花了一段時間，經歷了很多痛苦的試驗和錯誤，才在情感上擺脫了母親的束縛，開始對自己的信念有了信心。……在大學時，通過鍛煉我的心智，我嚐到了自主的滋味，但這僅限於在我學習的面向上。直到很久以後，我才開始形成自己的想法，並根據自己的創造性本能將它表達出

來。成為母親促進了這種成長，也為我帶來日與俱增的信心。

在我有了羅文（Rowan）之後，我內心的聲音變得更加清晰。這對我來說是個啟示，因為我的想法雖然與我母親（和其他人）不同，但這並不代表我的想法就是錯誤的。當我要撫養自己的小孩時，就好像一切重新開始一樣，而且這一次我要遵循自己的直覺。這一切不是一夜之間發生的，最一開始，由於憂鬱的原因，我甚至很難找到自己的直覺，但最終我自己堅定的信念和想法還是浮現了。[9]

一旦我們能夠聆聽自己的價值觀和喜好，我們就更能夠對這些價值觀和喜好做出有意識的承諾。然而，正如雪德絲所指出的，這個過程需要時間，並且可能有著高低起伏。

像賽爾克少女一樣，天鵝少女最初無法對她在塵世的生活做出完全的承諾。她看似對自己的生活感到滿足也安定了下來，但有些未竟事物被遺忘在她心靈的閣樓裡懸掛著，直到她正在成長中的女兒喚醒了這場衝突。確實往往是如此，當我們的孩子（或許尤其是女兒）到達某個發展階段，他們在面臨生活中某個我們自己從未設法好好解決的挑戰時，我們的老議題會重新被喚起。掛在閣樓上的羽毛長袍是一種意象，它可能是我們在生活中大大小小沒有與之和平共處的命運。我們可能都有隱藏的、想要逃離我們命運的衝動，我們夢想著脫離平凡，但如此一來，我們就沒有好好對自己和生活有所承諾。

在我十一、二歲的時候，正處於要進入神奇而危險的青春期的分界點，我與當時的鄰居女孩建立了一段重要的友誼。她們是個來自法國的家庭，她的父母說話都帶著迷人的法國口音。席琳（Celine）生活中的一切都讓我著迷，她母親優雅的穿衣風格、他們家的歐洲滑雪假期、她母親準備的食物以及她家的精緻裝潢……我完全為席琳和她的家人所傾倒。我母親對這一切歐式優雅都抱著有點警惕的態度，尤其是我對它的喜愛。我記得我從席琳家玩回來後，她會尖銳地指出我會用席琳講話的方式說話。

追根究柢，我與席琳的友誼是一種單方面的渴望，渴望被一種充滿魅力和精緻的階層所接納。我焦慮地渴望著以這種方式被接納有著很深層的原因，源自於我母親經常覺得作為一個住在康乃狄克州郊區的喬治亞農場女孩，自己與周遭很格格不入。這確實是椿未竟事物。

當我女兒到了我與席琳成為朋友差不多的年紀時，她也和住在同一條街的女孩建立了一種神奇的友誼。奧利維亞（Olivia）年紀比她大一點，但更加世故與老練。她的父母都是作家，她父親是教授兼詩人，而她母親則寫了一本廣受歡迎的回憶錄。奧利維亞的母親身材嬌小又時尚，無論穿著如何時髦的衣服，都看起來很自然地迷人。他們家巧妙地佈置著特別的收藏品，經常舉辦即興派對，會來參加派對的人都是不拘一格的當地藝術家、學者和知識分子，而身為被邀請的人我感到受寵若驚。

奧利維亞迷人、聰明、有創意。她往往是社交團體中最受歡迎的孩子，她立刻就對我女兒產生了好感，她們兩人一起在遊戲中創造想像世界。事實上，我有點著迷了，就像幾年前我和席琳的家人一樣。我很樂意把女兒交給這段新的友誼，我允許她在奧利維亞家待上好幾個小時。與我的母親不同，我沒有控制女兒想要效仿奧利維亞的傾向，但恐怕間接地鼓勵了這種傾向。這麼做卻讓我女兒暴露在微妙的壓力中，沒有受到保護，這種壓力讓她變成一個不像她自己的人。直到她開始在與奧利維亞相處回來後看起來悶悶不樂，我才意識到發生了什麼事，並採取行動補救這個情況。

我女兒與奧利維亞的友誼重新喚醒了我過去的未竟事物。那種不足的感覺和成為不是自己的某人的渴望——就像天鵝少女的羽毛長袍——已經被靈巧地藏起來許多年，卻一直沒有被完全解決。這讓我很容易就把自己（和我的女兒）交給這種渴望已久的幻想。但這樣做彷彿是我已經飛走了，暫時逃離了我的陣地，並陷入某種輕率的嘗試，試圖要抓住某種虛無飄渺和不真實的東西。

像天鵝少女一樣，我暫時退回到我發展的早期階段。對我來說，這是在重新審視痛苦和未解決的議題，關於歸屬感和被排擠的議題。但這麼做，我就在情感上拋棄了我女兒。這對我來說是一個痛苦的教訓，但這也讓我修通早期的未竟事物。當我看到女兒的痛苦時，我需要努力做一件事，就是承認我在這種情況下所扮演的角色。我必須要放棄在光鮮亮麗的「圈子裡」的幻想，並滿足於成為相對平庸的自己，牢牢的紮根於我的角色，也就是做女兒自主性和自我感的保護者。

我選擇了真實和平凡，而透過這麼做，我回歸了自己，也變得更謙虛一點，也更聰明和堅強。

透過面對當媽媽的挑戰，一名賽爾克女性可能會發現自己可以學會了解自己獨特的個別性，她可以區分自己的需求以及其他人對她的期望和需求。能夠挺身而出並保護自己的能力讓她能夠真誠地為孩子、家庭或事業做出承諾。如果妳發現自己有點像賽爾克女性，當媽媽可能會感覺像是種陷阱和失去自由。但這也是個可以取回妳獨一無二的平凡性的機會，如此一來妳就有機會成為妳命中注定要成為的人。如果一切順利，賽爾克女性將蛻變為天鵝少女，她們迎接成為最真實的自己的挑戰，並在這過程中獲得轉變。

針對失去自由，可以反思……

1. 賽爾克少女和天鵝少女都是在毫無防備和脆弱的情況下被偷走了外皮。什麼時候妳感覺自己某些重要的部分被奪走，而覺得被困住了呢？

2. 妳有可能在哪些地方也偷了自己的外皮？或許是妳承諾了某件一部分的妳其實不想做的、不舒服的事情。或許妳讓自己被一個想法、一個角色、一個人，或一份工作所擄獲。這種被俘獲的隱藏好處可能會是什麼？會是個怎樣的、邁向健康發展的嘗試呢？

3. 哪部分的妳像賽爾克少女一樣，無憂無慮、在不同型態的自己之間流暢地切換呢？而哪部分的妳像農民一樣，穩定、樸實，或許還有點無聊和沉悶呢？

4. 妳有把自己哪些祕密的部分藏在某塊鬆動的磚塊後面或心靈閣樓裡嗎？哪些未解決的情感讓妳與過去連結在一起，讓妳現在的生活沒那麼有餘裕呢？

5. 在哪些方面妳對自己的生活只做出了暫時的承諾呢？

6. 獵人必須非常努力並經歷許多考驗才能找回他的妻子。在妳的生活中，有什麼是妳需要漫長而艱苦的搜索才能找回的呢？

7. 天鵝少女在照顧孩子時所受的傷，最後讓她能和姊妹們有所區別，並將她與地面上的生活栓在一起。妳覺得當媽媽的經歷在哪些方面在妳身上留下了印記，使妳成為一個有別於他人的個體呢？

1 譯註：溫尼考特（Winnicott）及寇哈特（Kohut）都曾提過鏡映（mirroring）的概念，溫尼考特認為嬰兒在最初期尚未發展出穩定的自我感，嬰兒需要從媽媽的眼神、表情、肢體當中感受到自己，並逐漸形成自體感，而此過程即為鏡映。

2 譯註：乙醯氨酚（acetaminophen）又稱撲熱息痛，是一種用於治療疼痛與發燒的藥物。

3 譯註：賽爾克（Selkie），蘇格蘭童話中一種在水中是海豹，在岸上是人類的神祕生物。

4 原註：瑪麗–路薏絲・馮・法蘭茲（Marie-Louise von Franz）。《永恆少年：從榮格觀點探討拒絕長大》（*Puer Aeternus*）。徐碧貞譯。（台北：心靈工坊）。二〇一八年。第2頁。

5 原註：Brooke Shields, *There Was a Little Girl: The Real Story of My Mother and Me*（New York: Dutton, 2014), 221.

6 原註：Brooke Shields, *Down Came the Rain: My Journey through Postpartum Depression.* (New York: Hyperion, 2005), 91.

7 譯註：《兩個匣子》是班傑明・索普（Benjamin Thorpe）在他的《耶魯節故事：斯堪的納維亞和北歐民間故事與傳說合集》（*Yule-Tide Stories: A Collection of Scandinavian and North German Popular Tales and Traditions*）中所收錄的一個斯堪的納維亞童話故事。

8 原註：瑪潔莉・威廉斯（Margery Williams）。《絨毛兔》（*The Velveteen Rabbit*）。謝靜雯譯。（台北：南方家園，二〇一七年），第5–6頁。

9 原註：Shields, *Down Came the Rain*, 156–57.

第二章 失去控制

沒有什麼比父母未曾活過的人生，對孩子的心理影響更大的了。

——卡爾．榮格，《榮格全集》第15卷

當媽媽就像是一幅西藏曼陀羅沙畫，我們用很多的時間和愛來撫養孩子，同時明白我們很快得甘願放手告別。我們努力適應每個新階段，知道這些階段很快就會過去。我們才剛習慣養育嬰兒，就發現自己已經開始要跟個幼童相處，所有的確定性都被推翻。就在我們認為自己已經習慣養育青少年的時候，他們卻離開了，我們現在必須學習如何當一個青年人的母親。一次又一次，我們不得不面對一個又一個階段帶來的極端變化和隨之而來的失控感。

莫妮卡（Monica）是位四十多歲的職業女性，有個十五歲的女兒莉莉（Lily）。她最初來見我是因為她的背痛越來越嚴重。在努力嘗試過所有選項之前，她不願意考慮手術，她來找我探索她的情感生活，想了解這是否可能與她的身體症狀有關。在我們的第一次治療中，莫妮卡告訴我，她的背痛大約是在兩年前開始的，當時莉莉剛滿十三歲。

莫妮卡和她的丈夫卡爾（Karl）從中國收養了他們的女兒，打從一開始，他們就知道莉莉很特別。

「當我和卡爾去中國接她時，其他的嬰兒都在哭鬧，但莉莉沒有，她很平靜。當卡爾第一次抱起她時，她只是看著他微笑。」莫妮卡解釋道。

隨著她的成長，莉莉繼續給她的父母帶來驚喜和喜悅。過沒多久他們就發現她很有天賦，她三歲時就自己學會認字，同一年，她在鋼琴方面也進步神速。莉莉也非常敏感，巨大的噪音會讓她非常痛苦，書本或電影中的緊張場面會讓她恐慌得淚流滿面。當莫妮卡和我討論莉莉早年的這些回憶時，我能感覺到她對女兒的驕傲和喜悅，但也能感受到她的害怕與防衛。

「其他人不理解有個這樣的孩子有多辛苦。」她告訴我。

莉莉上幼兒園時，經常難以承受教室裡的噪音，回家時總累得淚流滿面。莫妮卡和卡爾找學校商量，要求他們做出改變以緩解莉莉白天的緊張情緒。當學校不同意他們的要求時，莫妮卡辭掉了工作，讓莉莉離開學校，開始在家自學。

「我很喜歡莉莉在家自學！」當我問到這種轉變對她來說是什麼感覺時，莫妮卡激動地宣布。「我們經常去圖書館，她總是在讀書，我小時候也喜歡讀書。」

在整個小學期間，莉莉在音樂和學業方面表現出色，參加當地和區域性的鋼琴比賽，並經常獲得第一名。全身心投入到莉莉的發展和學習中，讓莫妮卡獲得了巨大的滿足感。當我問及她是否想念在當地藝術博物館擔任教育總監的工作時，莫妮卡毫不猶豫。「對我來說，沒有什麼比莉莉更迷人了。」她說。

莉莉仍然是個對新環境有強烈反應的焦慮的孩子。莫妮卡毫不懷疑地認為保護莉莉免受挑戰是正確的選擇。莉莉怕水，在第一堂游泳課上哭了，莫妮卡把她從游泳池裡拉了出來。「妳錯了！」游泳教練在她身後喊道。「妳得讓她知道她能戰勝恐懼！」莫妮卡十分憤怒，即便十年過去了，當她告訴我這個故事時，她仍氣得滿臉通紅。

「莉莉當時都快瘋了，簡直是歇斯底里的狀態。而那個女人居然要我把她留在游泳池裡！」莉莉直到很多年以後才學會游泳。

在莉莉十二歲的時候，蜜雪兒（Michelle）一家搬進了這條街。「一開始，我很高興莉莉能在附近有個朋友，」莫妮卡說。「在家自學可能會很孤單。」然而很快，莉莉每天下午和周末都在蜜雪兒家，而莫妮卡注意到了她的行為。

「蜜雪兒比莉莉大將近一歲，」莫妮卡解釋道。「她就讀的是鎮上的公立中學，那裡有很多有行為問題的孩子。」

莉莉開始模仿蜜雪兒的前衛時尚（edgy fashion），在二手商店買衣服，拒絕穿莫妮卡一直喜歡的女人味服飾。蜜雪兒穿了鼻洞，當莫妮卡和卡爾告訴莉莉無論在任何情況下都不允許她穿鼻洞時，莉莉很不高興。莉莉的行為也開始在其他層面發生變化，她不再練習鋼琴，並告訴她的父母她想放棄；她對閱讀和學習失去了興趣，開始把所有時間都花在電腦上。

「我們非常擔心蜜雪兒對莉莉的影響，」莫妮卡告訴我。「但最糟糕的是，我覺得我好像失去了她，她和我一直都很親密。但大約在那個時候，她開始表現得很輕蔑，好像她很恨我一樣。」

尋求安全感

莫妮卡無法忍受讓莉莉感到疼痛或不適。隨著我對莫妮卡的了解越來越深入，我能聽出她話語背後的焦慮。在我得知莫妮卡在成長過程中遭受巨大的痛苦時，我並不驚訝。她的家庭生活一直很混亂，父親酗酒，母親因為有六個孩子而不堪負荷。作為老大，莫妮卡覺得自己有責任保護弟妹免於父親發酒瘋的傷害。

莫妮卡盡可能控制生活中的各個層面，藉此應對混亂和焦慮。她在學校表現非常優秀，贏得獎項和獎勵。這種透過過度成就和強迫性工作來避免混亂和恐懼的策略，在她整個成年生活中一一直都很有效，直到她成為了母親。有了嬰兒，就很難再控制一切。莫妮卡發現自己對莉莉成長的各方面都感到焦慮。當莫妮卡辭去工作，不再有可以努力和取得成就的專業領域時，做一個讓莉莉安全和快樂的完美父母就變得更加重要了。

隨著莉莉進入青春期，莫妮卡當然不可能保護她免受所有傷害、危險和負面影響。這喚醒了莫妮卡童年時那種未解決的、令人恐懼的危險和失控的感覺。這些是她曾經試圖處理過但從未面對和整合的感受和經歷。而莉莉在青少年時期陷入的青春期焦慮和嘗試，讓這些未解決的經驗以一種全面的、可怕的強度席捲回來。

事實上，莫妮卡管理焦慮的策略只是勉強可行。她在工作上表現良好，婚姻也很穩固。但由於她的策略是要避免所有風險和受責難，因此這實際上會令人麻木。為了要讓自己振作起來，莫妮卡很多時候並沒有好好生活。大家都知道每當她感到受威脅或受到挑戰時，她就會與朋友斷絕關係。她用自己信仰中的限制來決定哪些想法和經驗可行、哪些不行。她的焦慮也直接地限制了她的生活，她有開車恐懼症，只去少數幾個限定的地方。雖然她住的地方離市中心的藝術和文化區只有三十分鐘的路程，但她從未去過。這種策略對她造成的傷害以背痛的形式表現在她的身體上，這也是導致她向我尋求治療的原因。

因此，儘管莫妮卡在生活中看似正常地運作著，但事實上，心靈的成長早已停滯不前。她的迴避策略就像是扼殺了她自己的生活一樣，而在莉莉需要走向獨立的時候，莫妮卡的焦慮和控制欲也石化了莉莉的成長。

這是一種在童話和神話中經常出現的心靈狀態。當希臘女神德密特（Demeter）[1]因為冥王海地斯（Hades）[2]將她青春期的女兒波瑟芬妮（Persephone）綁架到地下世界時，她心煩意亂地四處遊蕩。最後，她筋疲力竭、悲痛欲絕，化身為一個普通老婦人，坐在伊留西斯鎮（Eleusis）的一口井邊。幾個當地的年輕女性走近她，並為她提供了一份保姆的工作，照顧她們心愛的嬰兒弟弟。

德密特和波瑟芬妮

像許多失去孩子的女人一樣，德密特透過照顧嬰兒來緩解她的悲傷。和莫妮卡一樣，德密特試圖透過控制她照顧的孩子的命運來處理她第一次失去孩子的悲傷。這個神話故事接著告訴我們，她白天給孩子吃仙饌密酒（Ambrosia），晚上把他放在火裡燒，彷彿他是一根燃燒的木頭。如果德密特被允許繼續這麼做，這個孩子就會變得像眾神一樣長生不死。不幸的是，孩子的媽媽在某天晚上打斷了她，看到兒子在悶燒的火中，她尖叫了起來。

這時，德密特以其女神之榮耀之姿現身，並斥責媽媽的無知。她說道這位媽媽犯了一個糟糕的錯誤，因此讓這個孩子「永生不老」（immortal and ageless）的過程現在無法完成了。接著德密特離開了宮殿，獨自坐在為她打造的神殿裡。在這裡，她讓永恆的冬天降臨到這片土地上，種子無法生長，以至人們開始飢荒，也無法供奉眾神。當宙斯看到這一切時，派信使下凡請求德宓特停止這麼做。但她對於所有的調解無動於衷，說在見到女兒之前，她永遠不會恢復生機。宙斯最終不得不讓步，派了一位使者到冥府去找回波瑟芬妮，女兒回到她身邊，德宓特欣喜若狂，儘管波瑟芬妮每年有一部分時間要返回冥府，並從此以冥后的身份統治冥府。

德宓特在失去孩子後想修復這件事，因此設法讓她照顧的凡人男孩變得「永生不老」。我想每位母親心裡都有一部分對自己孩子有同樣的願望。「永生」照顧了我們對孩子是否安全的恐懼，想像一下我們不用再擔心的所有事情！如果我們的孩子不老，我們就永遠不用擔心他們長大成為那個註定會改變、離去和受苦的平凡成人。

當我女兒還是嬰兒時，我們家隔壁住了一位和藹可親的老婦人瑪麗（Mary）。當時她的丈夫因為胰腺癌剛去世不久，每當談話提及到他時，她的眼中就會湧上淚水。她和丈夫從未有過孩子，但她有位侄女每隔幾週就會來看她。儘管瑪麗是那種很陽光的人，不管面對什麼情況，她總是盡力而為，但還是能夠讓人察覺得到她的孤獨。在她生命的最後幾年面對著悲傷與孤獨時，她身體和情感上的脆弱顯而易見，這件事十分地刺痛我。我抱著我心愛的寶貝女兒，一想到多年後的某天，她可能會失去親人，孤獨地活在這個世界上，並且我早已離開，再也無法安慰她，我就感到一陣深深的悲傷。我內在的一部分也渴望著一份神奇的承諾，希望她能永遠幸福快樂。

正是在德宓特與小男孩的事情之後，她才陷入悲痛之中，以至萬物凋零。彷彿她是透過全身心地投入到讓小男孩保持完美、安然無恙和永遠不變的計畫中，從而避免痛苦。當然，這是個注定會失敗的計畫。我們誰都無法保護我們的孩子免受命運的安排，我們也不應該這樣希望。那位母親撞見小男孩在火中、打亂德宓特計畫的那個晚上，看似是個錯誤或悲劇，但事情本該如此。這位母親確保她的小男孩能夠長大並過上正常的生活，經歷所有的快樂、心痛和失望，這些都是我們作為人類的一部分。

同樣地，莫妮卡也一直很努力地投入讓莉莉安全和不受外界影響的計畫。「我希望她像我們第一次在孤兒院接她的那天一樣完美。」她告訴我。就像德宓特一樣，莫妮卡無法全然感受莉莉的成長以及自己被辜負的天真所帶來的悲傷和失落，直到她被迫放棄這個永生計畫。

我從事的工作的最大特權之一，就是能夠聽到人們在他們的生命經驗中所汲取的智慧。有位與我一起工作的女性，她有三個已成年的兒子，她與我分享了一個令人吃驚的想法。她的兒子們在年輕時做過一些相當冒險和危險的事情，比如騎摩托車橫貫全國，或者從軍並且參與戰爭。我想知道她是如何承受這種恐懼的呢？我沒有問，她就回答了這個問題：「我知道這些事情很危險，在某種程度上，我接受了他們可能會死的事實。但我知道，如果他們真的死了，那他們也是為了對他們來說真正重要的事情而死。」她的兒子們對生命有所承諾，他們想要過自己能想像得到的最圓滿、最美好的生活，而完整地活著總是伴隨著某種風險。這位母親（我的病人）希望她的孩子擁有圓滿的生活，多過於希望他們的安全得到某種虛幻的保證。

阻礙成長

作家蜜雪兒・赫爾曼（Michelle Herman）在她的母職回憶錄《萬物的中心》（*The Middle of Everything*）中，探索了她母親的缺席，以及她為了給女兒她自己沒有得到的東西而付出的巨大努力。赫爾曼的母親一直很憂鬱，無法提供情感上的照顧。當自己的女兒出生時，赫爾曼有個明確的育兒理念：滿足一切需求。赫爾曼寫道：「這個公式擴展到我所認為的完美母親戒律（沒有超過十條）。要隨時準備好、專注、觀察和傾聽。讓妳的孩子遠離飢餓、匱乏、悲傷、孤獨和挫折。誰能說這是錯的呢？」[3]

像德宓特和莫妮卡一樣，赫爾曼試圖保護她的孩子免於所有的痛苦和不適。但是當我們無法容忍孩子的不適，這會教導孩子不適是無法容忍的。這會讓他們被囚禁在恐懼之中，並且讓他們的發展變得侷限。作者的女兒格蕾絲（Grace）很早就開始受到焦慮的折磨，最後在她六歲時，產生衰弱性的強迫症狀。

當我們讓自己對某種情況的焦慮佔主導地位時，我們就是在教我們的孩子，離開我們是不安全的。我們就像德宓特一樣，屈服於那個希望一切都不會改變的自己，希望孩子永遠不會長大也不會去擁抱命運。我們的恐懼會困住孩子，把他們和我們一起關在一個可怕的小世界裡。「如果妳不在這裡，我就不存在了。」九歲的格蕾絲在媽媽送她去夏令營時驚恐地對她的母親說。[4]

在治療師的幫助下，赫爾曼鼓勵女兒和她分開，在沒有她的情況下睡覺、在沒有她的情況下去朋友家、在沒有她的情況下參加生日派對。格蕾絲康復了，而赫爾曼也看到了她是如何導致格蕾絲在分離上的困難。「我絆住了她——因為我自己也被絆住了。」[5]赫爾曼說，對她來說，懷孕解決了她這一生所熟悉的孤獨感：「當我第一次把孩子抱在懷裡時，孤獨感不僅僅是消失了，我還體驗到與另一個人的完美連結，而這是我絕對不會放棄的事物。」[6]

如同蜜雪兒．赫爾曼無法繼續她的成長和個體化之路，因她過於執著想抓住女兒已然過去、不斷遠去的嬰兒期；莫妮卡也無法成長和發展，緊緊抓著女兒不放，讓她不用面對童年創傷所帶來的悲傷。當我們把孩子抓得太緊時，我們會阻礙自己和他們的成長。我們對未來的恐懼，我們對當下的執著，即便這個當下也很快就會成為過去，都會讓我們陷入困境。只要我們在抵抗各種失落，我們就是在揮霍生命，拚命地試圖抓住那些我們其實必須願意讓它從指縫中溜走的東西。在赫爾曼和莫妮卡的經歷中所看到的那種僵化，在童話故事《玫瑰公主》（*Little Brier Rose*）中以美麗的隱喻呈現出來。

玫瑰公主

從前，有一對國王和王后因為膝下無子而非常難過。但最後王后還是生下了一名女嬰，並且策畫了一場盛大的慶祝活動。國王和王后邀請了國土內所有的仙女，但因為有十三位仙女，卻只有十二個金盤子，因此有一位仙女並沒有受邀。

慶典結束之後，每位仙女都站起來，為公主獻上一份禮物。美德、美麗、沉著和其他美好的東西都被贈送給了公主。第十一位仙女才剛剛獻禮，第十三位仙女便走了進來，她很生氣自己被忽視了，並喊道：「因為妳沒有邀請我，妳的女兒會在她十五歲的時候被紡錘扎死。」

在震驚和驚恐的寂靜中，第十二仙女站了起來。「我無法解除詛咒，」她說。「但我可以弱化這個詛咒，妳的女兒不會死，但她會沉睡一百年。」國王為了要保護他心愛的孩子，下令摧毀王國裡所有的紡錘。

公主長得非常漂亮，所有認識她的人都喜歡她。在她剛滿十五歲的那一天，國王和王后不在，只剩下她一個人在城堡裡。她從一個房間走到另一個房間，想去哪裡就去哪裡。最後，她來到一座古老的塔樓。她爬上樓梯，來到一扇小門前，這扇門輕輕一碰就打開了。裡面坐著一位正在紡紗的老婦人，她好奇地被這位老婦人所吸引，並入迷地看著她紡紗。最後，她說她想親手試試紡紗。但她才剛拿起紡錘，就被紡錘扎了一下，並陷入了沉睡。

睡意席捲了整個城堡，國王和王后剛剛回到家，他們和所有的隨從都在大廳裡躺下睡著了，廚師和其他僕人也都睡著了。狗窩裡的狗、馬廄裡的馬、屋頂上的鴿子、牆上的蒼蠅也都睡著了。就連壁爐裡的火也熄滅了，風也停下來了。

當城堡和裡面的人沉睡的時候，城堡周圍長出了茂密的荊棘籬笆。荊棘年復一年地生長，直到完全包圍了城堡，並將其隱匿起來。關於美麗的玫瑰公主睡在城堡裡等待獲救的傳說就這樣流傳了起來，隨著歲月流逝，年輕的小伙子們試圖在茂密的荊棘籬笆中殺出一條路，卻都被荊棘刺穿困住，悲慘地死去。

最後，一百年過去了。一位在旅途中的王子從一位老人那裡聽到了玫瑰公主的傳說。他決定要試著穿過荊棘籬笆，親自去看看玫瑰公主。無論老人如何勸阻，都無法阻止他。他來到樹籬前，但原來的荊棘竟變成了美麗芬芳的花朵。樹籬在他眼前分開，讓他很容易就能走進去，但樹籬又會在他身後合上。

抵達城堡後，他對沉睡的狗、人、鴿子和馬感到驚訝。除了睡著的人輕柔的呼吸聲之外，一切都非常寂靜。王子穿過城堡，跨過熟睡的居民。終於，他找到了一條進入塔樓的路，也就是一個世紀前，玫瑰公主被紡紗的老婦人迷住的那個塔樓。他看到她睡在她當時跌落的床上，他發現她是如此美麗，以至於他無法控制自己，俯身給了她一個溫柔的吻。就在那一刻，她醒了，並抬頭看著他微笑。

他們一起下樓，發現城堡裡的每個人都逐漸甦醒過來。身上有斑點的狗伸了個懶腰、打了個哈欠，鴿子在屋頂上拍打著翅膀。國王和王后也甦醒過來，撣去身上的灰塵。爐火也撲騰地燃燒了起來，繼續烤著烤肉。玫瑰公主和王子結婚，幸福美滿地生活著，直至他們生命的盡頭。

和玫瑰公主一樣，莉莉也是那個一直被期待著、被渴望著、最後終於到來的寶貝孩子。以心理的角度來說，玫瑰公主的誕生，是我們在漫長、淚流滿面、焦躁的等待之後，對我們內心渴望的應許。對於許多女性來說，當媽媽是會有這種感覺的，無論實際情況是如何發生的。當一個女人因為不孕或其他原因而努力地要當媽媽時，盼望已久的誕生真的會讓人感覺像是奇蹟。

新手媽媽在凝視自己的寶寶時，在她所感受到的巨大喜悅中，她接收了寶寶的完美。他是充滿各種可能性的、但又全然純粹和永垂不朽的。可以理解的是，作為母親的我們或許會希望可以保護他的純潔和可能性，保護他永遠不受傷害。我們可以從德密特想讓祂照顧的孩子變得刀槍不入和永不改變的願望中看到這一點；我們在國王下令要摧毀他王國中所有的紡錘中看到這一點；米雪兒・赫爾曼要滿足對女兒所有需求的誓言也表達了這種願望；我們從卡爾和莫妮卡希望讓莉莉免受任何掙扎或不適的態度和行動中也看到了這一點。

第十三位仙女

第十三位仙女象徵一個令人不安的現實，與我們對生活的理想不太相符。因此，我們希望避開或忽視她。十三是個與黑暗、罪惡和邪惡聯想在一起的數字。第十三位仙女象徵著我們自己不願意知道的部分——攻擊、嫉妒、苛求。第十三位仙女活在我們心中，在我們當媽媽的時候，她毫無疑問地也希望融入我們的生活之中。若不為我們黑暗的特質在餐桌上留個位置，它們很可能反而會為孩子帶來我們想避免的傷害。莫妮卡和卡爾決心要讓莉莉的生活在各方面都像被施了魔法似的，以至於她長大後變得嬌弱、臉皮薄、也很容易被誘惑。

就像故事中的國王和王后一樣，莫妮卡希望保護莉莉免受生命最初的傷害。丟掉所有的紡錘是在拒絕哀悼，拒絕接受生命總是流向未來，拒絕接受我們所愛的事物會改變和失去。對許多人來說，青春期是一段黑暗的時期，離開了安全的童年，有時甚至相當危險，而且在父母的眼中幾乎總是危險的。但是，當我們作為母親過於努力地讓孩子免受生活中一般性的挑戰時，就有可能讓自己以及孩子的成長停滯不前。生命最終極的心理目標是繼續變得越來越有意識，然而當我們只顧著保護孩子時，我們就放棄了成長，也放棄把自己更多的部分帶進意識。當我們讓自己和孩子都不用承受挑戰和失落時，我們也就停止了成長。這一點在故事中展現得非常清楚——當玫瑰公主睡著時，整個家庭的生活也完全停止了。

那麼我們該如何理解紡紗和紡錘這兩個象徵呢？我記得即便是我小時候也對故事的這個細節感到困惑，根據我對紡錘僅有的客觀認識，它並不特別鋒利，所以如果要用它來刺破手指，似乎是一件奇怪的事。佛洛伊德學派對這個故事的詮釋是紡錘象徵著陽具，因此她與塔樓中老婦人的相遇是第一次的性經驗。但在我看來，其象徵意義遠不止於此。紡紗和紡錘象徵性地與女神連結在一起，在許多文化中，女神是命運的紡織者和編織者。正如我們在看《兩個匣子》時所看到的那樣，在希臘神話中，掌管命運的命運女神（the Fates）是由三位女神組成的，其中一位是紡紗者克洛托（Clotho），她經常被描繪成拿著一支紡紗桿和紡錘的意象。因此，玫瑰公主來到這座塔樓，無異於是與她的命運相遇。作為母親，我們必須為孩子找到自己命運的那一天做好準備，即使這會讓我們感到害怕。

玫瑰公主這一生都是如此被好好呵護以及被「特殊」對待，因此她沒有任何行動力（sense of agency）或自我效能（self-efficacy）去迎接她的命運。所以她當然會被那個掌握著偉大而強大的命運祕密的紡紗婦人所吸引。玫瑰公主被扎到以後的反應是被動地睡著了，並且需要很長的時間才能進入她厚實而帶刺的防衛。在格林版本的故事中，王子是在她醒來時碰巧吻了她，並不是王子喚醒了她。而這兩件事同時發生有一個重要原因，王子是女主角身上「王子般」特質的意象——冒險、勇氣、堅毅，在她沉睡於無意識中時，這些特質顯然不存在。只有在經過足夠的時間後，她才能喚醒自己內在的這些特質。對於那些可能沒有被允許充分發展她們的行動力和攻擊力的年輕女性來說，情況往往是如此。她們可能會保持無意識狀態多年，在她們的生命中被動地夢遊。對於我們大多數以這種方式生活的人來說，某些王子般的東西通常會在某個時刻在我們內在醒來，幫助我們更積極地進入生活。

我們可以試著讓孩子為他們自己的命運做好準備，但我們無法保護他們不受命運的影響。試圖這麼做會產生一種石化作用。莫妮卡開始意識到，她對莉莉善意的恐懼和關心，是如何讓自己的生活變得侷限。她痛苦地告訴我，她意識到自己不再有任何夢想。

「我從十五歲就開始慢跑了，」她告訴我。「我這一生，只要戴上耳機穿上慢跑鞋，就可以沉浸在自己的小世界裡面，我總是在慢跑時做最美妙的白日夢。在我十幾歲時，我夢想著搬出我瘋狂的家裡；後來，我會想像一些有趣的事情，像是在工作報告中表現出色，在我遇到卡爾之前，我就想像過他，在我們苦等著想要一個孩子的時候，我甚至想像過莉莉！」莫妮卡眼裡一邊噙滿了淚水，一邊說著。「前幾天我去跑步了，」她哽咽地說著。「然後我意識到，多年以來，我一直只做關於莉莉的白日夢。我想像她長大後在市中心表演，我想像自己陪她參加全國各地的鋼琴比賽。但我不能再做那些白日夢了，我告訴自己，我這次跑步要做關於我自己的白日夢，跟我生活有關的白日夢，但我做不到，我已經沒有任何夢想了。」

和德宓特一樣，在豐富的可能性再次被喚醒之前，莫妮卡也有一些需要哀悼的事情。她需要哀悼她為莉莉幻想的未來，並接受她真實的女兒。她需要在踏入下半輩子時，哀悼自己的青春已然結束。最困難的是要哀悼她的純真，那個在她幼年時便因為其遭受的創傷而受到侵犯的純真。

緊抓不放

我們可能會因為要保護孩子遠離痛苦、不適或挑戰，而阻礙我們自己和孩子的心理成長。我們也可能抓得太緊也太久。

凱倫（Karen）是一位五十多歲的、離婚的專業人士。在她開始和我一起工作時，她才剛得知她二十九歲的女兒又再次開始酗酒。儘管凱倫多年來一直在處理女兒的酗酒問題，但這一次特別地打擊她。

「我和伊麗莎白的這種相處模式已經很久了，」她在我們第一次會面時告訴我。「只要她摔倒，我總是會在她身邊扶她起來。雖然這是不正常的，但很有效，而且我們都明白自己的位置。

但這一次，我就是沒辦法再這麼做了。」

伊麗莎白因酒後駕駛而失去駕照。由於無法穩定上班，她很可能會失去工作。就像從前一樣，她會去找她的母親，詢問是否可以暫時和她同住以便通勤。而凱倫感到很糾結，一方面，如果她不讓伊麗莎白搬回來住，伊麗莎白很有可能會丟掉工作（那是一份讓伊麗莎白花很長時間才找到的工作）；另一方面，凱倫開始意識到這麼多年來，她對伊麗莎白的擔心，讓她沒有辦法好好過上自己的生活。

就像那些有成癮問題的家庭經常發生的狀況一樣，凱倫發現自己與伊麗莎白之間有著不健康的幫助模式。表面上，她對伊麗莎白過度需要她的幫助感到不滿。但在更深的層次上，她將自己大部分的生活和自我感都建立在作為伊麗莎白的支持系統這個角色上。作為一個富有同理心和有原則的人，她想善待她那正在掙扎中的女兒。當我們坐著一起討論是否要讓伊麗莎白搬進來的決定時，我注意到凱倫只談到她女兒的需要。

「凱倫，」有一天我問她，「妳會希望這件事情如何發展下去？對妳來說，最好的狀況是什麼？」在回答之前，她在座位上挪動了一下。「嗯，我不想讓伊麗莎白丟掉工作，那會是很大的打擊，我擔心那會讓她需要花更長的時間才能重新振作。這個房子裡其實沒有什麼地方可以讓她住，但如果只是幾個月的時間，我可以在客廳裡放個床墊。」

當我向她指出在我問她想要什麼，但她的回答都是關於她女兒時，凱倫沉默了好一會兒才回覆道：「我想我甚至不知道我想要什麼。」她說。

當我和凱倫在探討她對這個決定的感受時，她開始意識到如果伊麗莎白好轉並往前邁進，一部分的她其實會感到迷惘，因為陪伴伊麗莎白這件事，為凱倫的生命提供了清晰的結構和意義，這讓她不用去思考那些重要且發人深省的問題，像是她想在剩下的幾十年裡想做些什麼，這幫助她逃避考慮是否要嘗試約會的焦慮。她不必面對許多決定，很矛盾的是，在許多方面，這讓她的生活變得單純。

「當媽媽是我做過最讓人難以抗拒的事情，」凱倫告訴我。「妳會覺得被需要，妳所做的事情感覺很重要，妳知道至少對這個人來說，妳真的很重要。」

凱倫在決定要如何支持伊麗莎白過程中的一部分，也包括她要逐漸接受不斷變化的角色。她需要哀悼她生命中的那段養育伊麗莎白的時光，那是她生命中曾經深愛過、現在卻已經逝去的一部分。她淚流滿面地回憶起那段歲月，她承認，想到未來的歲月有時會讓她對未來的空虛感到恐懼。她可以看到，在某種程度上，她是如何抓住伊麗莎白對她持續的需要，來感受到自己存在的意義。

然而，和莫妮卡一樣，凱倫的生活也停滯不前。許多年來，她全部的精力都集中在伊麗莎白身上。她早就想過要辭去工作、自己創業，但又不敢這麼做。她承認伊麗莎白為她逃避採取行動提供了一個很好的藉口。成年後，她也一直渴望著回到她小時候曾短暫居住過的西班牙，想在那裡待上幾個月的時間，讓自己的西班牙語說得更加流利，但伊麗莎白的成癮問題也讓她推遲了這個目標。

另一個日本童話故事《月光公主》[7]清楚地說明，為了讓我們繼續成長，我們需要在時機成熟時，放手讓我們的孩子離開。

月光公主

一位樵夫和他的妻子住在森林附近，他們因為沒有孩子而很不快樂。這位母親祈求上天能給她一個孩子。第二天傍晚，這對夫婦看到一縷柔和的光芒從天而降，落在竹林中。樵夫前去尋找那束光芒時，在竹林間發現了一個散發著奇異光芒的美麗小生命。「妳是誰？」他對那個比洋娃娃還小的小傢伙說。

「我是月光公主，我的母親是月娘，她派我來做妳們的孩子，這樣我就做了一件好事了。」樵夫把這個清秀的小傢伙帶回家給他的妻子看，妻子高興地笑了起來。她小心翼翼地給小公主穿衣、洗澡，把她當成自己的孩子一樣疼愛。

月光公主有時會想念她的月娘母親和她在星空中的家。雖然她也愛她凡間的父母，但她仍期待著不遠的某天能夠回家。

隨著時間過去，月光公主一年比一年更美麗動人。她的父母很寵愛她，所有見到她的人也都會為她感到著迷。久而久之，她的貌美傳遍各地，連國王都親自來到月光公主簡陋的家中，想親眼目睹她的風采。她的父母因為要接待這麼一位尊貴的客人而感到欣喜若狂。月光公主端著新鮮的糕點和茶出來給國王的時候，他只是默默地盯著她看了一會兒。「這是我見過最漂亮的女人！」他最後開口這麼說：「這名女子將成為我的妻子！」

月光公主保持著平靜，「恐怕這是不可能的，」她說。她的父母嚇壞了，「哦，女兒！妳不能這樣對國王說話！」

國王怒吼道：「妳以為妳是誰，竟敢違抗我？我是國王！我可以得到任何我想要的東西！我要妳今晚就跟我到我的宮殿去！」

「我沒辦法跟你去，」月光公主解釋道。「我在這裡的時間即將要結束了，看到了嗎？我的月娘母親現在要來接我了！」而當月光公主指著天空時，她的父母和國王都看到一道銀光從天而降，閃爍著星靈的光芒。

「守衛！」國王喊道。「包圍這座房子！射殺入侵者！」他的手下舉起弓箭，放出箭矢，但就在他們這麼做的時候，他們跟國王都變成了石頭。隨著箭雨落地，一位美麗的碧綠色女子從星光燦爛的樓梯上走下來。「月娘母親！」月光公主高興地喊道，兩人跑向對方並相擁在一起。月光公主凡間的父母從他們所處的地方看到了這一切，他們開始哭了起來，因為他們知道他們的女兒要離開了。

月光公主跑回他們身邊，熱情地擁抱和親吻他們。「謝謝你們為我所做的一切！」她說。「我永遠不會忘記你們的！」接著，月光公主與她的月娘母親一同登上光束，揮手向凡間的父母告別。作為離別禮物，她將他們的淚水化作螢火蟲，那麼他們在夏夜時，永遠都會想起她。

就像在《玫瑰公主》的故事一樣，這則童話故事講述了在經過多年充滿希望的等待下，奇蹟般誕生的孩子。玫瑰公主和月光公主都是被珍愛的孩子，深受寵愛並被悉心呵護著。而月光公主只是「借給」這對沒有孩子的夫婦，這強調了一件跟養育有關的尖銳事實，那就是我們可以在子宮中孕育我們的孩子，編織他們的形態並用我們的血液滋養他們，但他們從不真正屬於我們。在出生後的前幾個月裡，我們或許可以和我們的孩子一起徜徉在那種虛幻的融合感中，但這種甜美的幻想在幼兒階段或是在這階段之前就會破滅了。幼兒期的孩子每一天都會多次地提醒著我們，他們和我們是分離的，他們透過不斷地用「不！」來維護他們正在萌芽的個別性。青少年的孩子也經常以更令我們感到痛苦的方式提醒著我們，他們與我們在根本上有多麼地不同，他們會拒絕我們的價值觀，甚至我們的情感。

《月光公主》中的國王象徵著權力和控制的驅力，可以被理解為親子關係的某個面向。當我們作為母親對孩子投入過多時，我們可能會希望可以控制他們，以防止他們離開。而當我們堅持要施予控制時，我們的生命就會變得停滯和貧瘠——我們會變成石頭。

陷入哀悼

在我孩子開始受教育的前幾年，我們在家自學。那些年我們充滿了圖書館、博物館和公路旅行的回憶。我們種植水晶、飼養蝴蝶，還做了雞的標本（它們仍被埋在後院某處）。我很珍惜用這種方式與孩子們度過的時光，但每一週我都問我自己究竟是否真的滿足了他們的學習興趣。而多年來的每一週，我得到的答案都是肯定的，直到答案變成否定的那天。兒子九歲的某一天，一位朋友隨口提到當地一所私立學校有空出名額，不知怎地，那一刻我知道，是時候讓兒子去上學了。我感到很難過，但這也告訴我，確實是時候要結束某些事情了。

後來在家裡，我告訴他，我在想他有沒有可能會喜歡上學。「妳知道，媽，」他告訴我。「我很高興妳這麼說，因為我一直在想同樣的事情。」

我感到非常悲痛！在接下來的一週裡，雖然我很小心地私下做這件事，但我仍哭了很多次。在我們申請學校的整個過程中，我偶爾還是會重新思考這個決定。我兒子很聰明、有創意、但有輕度閱讀障礙，哪所學校能好好教他呢？我仍有一種想緊抱住他和保護他的衝動，有那麼幾天我甚至希望他能改變主意。在十一月的某個星期四，那是個意外溫暖的雨天，我邀請他和我一起去散步。我們就像他小時候那樣在水坑裡濺起水花，一想到以後我們能夠這樣共度時光的機會更少了，我的心就痛了起來。

我很想說服自己他需要和我一起待在家裡，這樣事情就能夠保持原樣。但事實上，我們倆結束在家自學這個階段是正確的決定。接下來那一年，他開始上學，他很喜歡上學並且表現得很好。我也進入了職業生涯的新階段，我有更多時間投入到臨床工作和寫作當中。當我們放棄去控制自己和孩子生命的需要時，我們可能會陷入悲傷，但這是在為失去的東西哀悼時，所必經的過程。只有允許自己感受悲傷，我們才能重新喚醒生命下一階段所帶來的新的可能性和樂趣。

出於可以理解的原因，凱倫很難放棄控制。凱倫抗拒把伊麗莎白交給她自己的命運。而她的功課並不容易，她需要持續為伊麗莎白提供適量的支持，同時也要設定一個界線，要求伊麗莎白找到自己的方式，這樣凱倫才能夠好好過上自己的生活。對凱倫來說，這意味著要幫助伊麗莎白找到一種可靠的工作方式，但不讓她搬回去。這對凱倫來說非常困難，當她切斷這條讓她們長久以來保持連結的依賴之繩時，她感受到的巨大悲傷讓她感到驚訝和不知所措。某天，在這個強烈的哀悼過程中，凱倫帶著紀伯倫（Kahlil Gibran）[8]的一首詩《孩子》來和我會面。

你的孩子不是你的，
他們是「生命」的子女，是生命自身的渴望。
他們經你而生，但非出自於你，
他們雖然和你在一起，卻不屬於你。
你可以給他們愛，但別把你的思想也給他們，
因為他們有自己的思想。
你的房子可以供他們安身，但無法讓他們的靈魂安住，
因為他們的靈魂住在明日之屋，
那裡你去不了，哪怕是在夢中。
你可以勉強自己變得像他們，但不要想讓他們變得像你。
因為生命不會倒退，也不會駐足於昨日。
你好比一把弓，

孩子是從你身上射出的生命之箭。
弓箭手看見無窮路徑上的箭靶，
於是祂大力拉彎你這把弓，希望祂的箭能射得又快又遠。
欣然屈服在神的手中吧，
因為祂既愛那疾飛的箭，
也愛那穩定的弓。9

凱倫在我們的會談中朗讀這首詩時，我們都掉了眼淚。「我想成為一把穩定的弓，」她含淚告訴我。「我想讓伊麗莎白飛翔。」

凱倫必須讓伊麗莎白過她自己的生活，即便這代表要看著伊麗莎白做出非常不同的選擇——甚至是錯誤的選擇。對凱倫來說，要對伊麗莎白放手是痛苦的，但這麼做才讓凱倫有機會將她的注意力轉回到她自己的旅程上，也希望這能夠讓伊麗莎白展翅翱翔。

黑天鵝與控制女王

二〇一〇年的電影《黑天鵝》（*Black Swan*）描繪了一幅黑暗的畫面，也就是當我們屈服於《月光公主》中國王的意象所代表的控制驅力時，會發生什麼事。這部電影描述的是紐約市芭蕾舞團的舞者妮娜（由娜塔莉·波曼〔Natalie Portman〕飾演）的故事。雖然妮娜已經成年，但她還是和母親愛麗卡（芭芭拉·荷西〔Babara Hershey〕飾演）住在一起。這部電影從頭到尾都清楚地呈現這是一段病態糾纏的母女關係，她們兩人的成長都停滯了。

在電影的開頭，我們就看見妮娜的臥室是粉紅色、有褶邊裝飾的房間，裡面塞滿了絨毛玩具和其他物品，看起來這個房間從她十幾歲以來就沒有重新裝修過。她的首飾被存放在一個小女孩的首飾盒中，是那種打開會有一個塑膠芭蕾舞者隨著輕快音樂旋轉的首飾盒。我們看到愛麗卡幫妮娜做早餐，幫她女兒在背包裡裝進零食和備用的衣服。愛麗卡對待妮娜的行為嬰兒化（infantilizes）了她的女兒。整部電影透過愛麗卡幫她女兒脫衣服、取下她的耳環、剪指甲來強調她們之間的這種動力。愛麗卡的控制行為蔓延到了這兩個女人居住的物理空間，家中浴室的門和妮娜臥室的門都沒有鎖。這部電影透過妮娜拚命地試著用一塊木頭想把門堵上、將她母親關在門外來特別強調這一點。

性的成熟發展是我們能夠與父母分離的關鍵，但我們看到愛麗卡小心翼翼地阻止妮娜的性探索。有一次，妮娜躺在床上開始要自慰，但卻被一陣沙沙聲和鼾聲打斷了，她從被子裡偷偷看到媽媽在她床邊的椅子上睡著了。當妮娜不同以往地在酒吧度過了一個晚上回到家，醉醺醺地吹噓著自己跟兩個男人上床時，她母親勃然大怒，並試著用手摀住妮娜的嘴巴來讓她閉嘴。「妳已經不是我的妮娜了！」她大喊。10

這部電影清楚地呈現，愛麗卡作為一個人的成長和發展在好一段時間前就已經停止了。她一心只想控制女兒的生活，這讓她放棄去擁有任何屬於自己的生活。愛麗卡似乎很迷戀妮娜小時候的樣子，她臥室的牆上掛滿了她畫妮娜小時候穿著芭蕾舞短裙的畫作。顯然愛麗卡很痴迷於畫這些畫，她總是在畫相同的畫作。當妮娜開始被公司導演追求時，她的母親表示擔心，但惱怒的妮娜（不誠實地）否認她有「嘗試過任何事情」。愛麗卡解釋說，她不希望妮娜「犯下她曾經犯過的錯誤」，因為懷孕而放棄自己的事業。「什麼事業？」妮娜譏諷地問。「我為了生下妳而放棄的事業，」愛麗卡回答。11愛麗卡是個無法放手的母親，而妮娜是個從未長大的孩子。妮娜不顧一切地嘗試想離開母親，但事情並不順利。她在心理上過於脆弱，試圖將自己與母親分離的努力導致她的自我毀滅和精神疾病。

妳注意到我們最後回到了天鵝的故事嗎？這並不是巧合。如果我們像《玫瑰公主》中的父母或《月光公主》中的國王那樣當一個過度投入的媽媽，拒絕在時機成熟時對孩子放手，我們就有可能讓我們的女兒變成嬌氣、不成熟的賽爾克新娘或天鵝少女。控制女王和飛舞的天鵝是一體的兩面，它們是兩個對立的面向。這兩種可能性都存在於我們每個人身上，妳的命運可能會讓妳在生命中的某個時刻成為天鵝或賽爾克，但在另一時刻成為控制女王。女兒會長大成為某個女兒的母親，如此循環往復地重演。如果妳是賽爾克，那麼當媽媽可能會是一個分離和成長的機會；如果妳是控制女王，孩子的離開對妳來說可能會非常痛苦，但它也會創造一個讓妳更深入探索自己內心的機會。當我們有意識地臣服於這種發展週期對我們的要求時，我們就會敞開心扉地接受心碎和失落，我們也會讓自己成為生命的沃土，滋養任何想要通過我們來到這個世界上的東西。

針對失去控制，可以反思……

1. 當媽媽有太多需要面對失控的時刻。作為母親，妳認為妳在生活中的哪些部分失控呢？妳又是怎麼應對的呢？
2. 本章的兩個故事都以心碎的父母以及對孩子的渴望作為開始。那麼妳全心全意地渴望什麼呢？妳得到妳渴望的東西了嗎？那是什麼感覺呢？

3. 第十三位仙女代表著關於我們自己不願面對的真相，是我們為了要表現得符合所謂的常規，我們所寧願排除的部分。但第十三位仙女如果也有被邀請去參加聚會，她想必也會成為盟友之一，排除她反倒會使她成為我們的敵人。妳會想要排除妳自己的哪一部分呢？（也許是妳的貪婪？嫉妒？小心眼？）

4. 當妳排除了這個部分後，妳又是如何因此被詛咒的呢？（或許妳被憤怒淹沒了？或許妳在某些情況下，因為沒有充分保護自己而被利用了呢？）

5. 在公主十五歲生日那天，她在房間裡發現了老婦人，並且很古怪地被紡錘吸引了。在妳的生命中，什麼會讓妳感到莫名地被吸引呢？也許在短期內那被證明是有害或危險的東西，但或許不見得是如此？這又可能如何是一種妳與命運的相遇呢？

6. 在什麼情況下，妳會很難讓孩子與自己的命運相遇呢？

7. 在《月光公主》中，樵夫和他的妻子意識到，他們得到了一份珍貴的禮物，但這份珍貴的禮物最終卻並不屬於他們。而國王試圖對月光公主行使他在凡間的權力，但公主屬於他無權支配的天界，他試圖控制公主的行為是傲慢的，並且也受到了相應的懲罰。妳曾經在什麼時候試圖努力去控制不是妳可以控制的東西呢？當時發生了什麼事呢？

1 編註：德宓特（Demeter）是古希臘神話中的豐收女神。

2 編註：海地斯（Hades）是古希臘神話中的冥界之王。

3 原註：Michelle Herman, *The Middle of Everything: Memoirs of Motherhood* (Lincoln: University of Nebraska Press, 2005), 153.

4 原註：Herman, *Middle of Everything*, 205.

5 原註：Herman, 199.

6 原註：Herman, 200.

7 編註：《月光公主》故事的日文名稱為《竹取物語》。

8 編註：紀伯倫（Kahlil Gibran）是著名黎巴嫩詩人。

9 原註：紀伯倫（Kahlil Gibran），《先知》（*The Prophet*）（台中：好讀，二〇一五年），第17–18頁。編按：本段譯文引用自：《先知：公視影集《你的孩子不是你的孩子》朗誦詩篇原典，綻放愛與哲思之美的不朽散文詩集》。

10 原註：《黑天鵝》，由戴倫・艾洛諾夫斯基（Darren Aronofsky）執導（美國加州洛杉磯世紀城：探照燈影業，二〇一〇年）。

11 原註：電影《黑天鵝》。

第三章

失去自我

身而為人就代表著會受傷。
人的生命故事會圍繞著傷口開展，
那些擁抱真實且深刻人性的傷口。

——神話學者邁克爾・米德（Michael Meade）
《生命之水》（*The Water of Life*）

被扔進一口象徵性的井裡總會讓人迷失方向，並且它確實看起來像是末日。困惑和絕望的感受是生而為人不可避免的，而這些感受勢必會在妳為人母時來訪。有時候，妳可能會感覺到妳與孩子（以及和妳自己）之間有種強烈的脫節感。初為人母時，我們很可能會受到產後憂鬱症或是較輕微形式的產後憂鬱情緒所困擾。並且在當媽媽的旅程中，我們毫無疑問地會經驗到迷失自我的感受，即使那只是轉瞬即逝。例如，當妳前青春期的女兒在維護她的獨立性，而妳突然意識到妳其實並不喜歡她時，妳可能會因為意識到妳已經從這段關係中抽離了一些能量而突然停下來。當妳進入高中的孩子逐漸變得獨立時，妳可能會發現自己比以往任何時候都更受到工作和事業的壓迫。意識到我們與孩子關係的本質正在發生變化可能會讓人感到迷失，有一部分原因是這讓我們對自己身為母親的身份感到懷疑。

失去連結

我的個案瑞秋（Rachel）現在已經是奶奶了，但她會來接受治療的部分原因，是她想接納失去與孩子的連結所引起的懊悔和悲傷。瑞秋與孩子失去連結的故事是一個相當極端的例子，妳或許不會親身經歷一個這種版本的故事，但仍然可能在故事之中看見自己。瑞秋出身農村，由單親的媽媽撫養長大，從小家境貧寒。但是她身材高挑、美麗動人，在她簽約成為模特兒時，甚至還沒有讀完高中。她在十七歲時搬到紐約，並很快地開始了充斥著酒精、毒品，以及受到年長男性關注的生活。一年之內，瑞秋與一個富家公子訂了婚，並且在那之後不久就懷孕了。瑞秋還記得第一個孩子的到來帶給她極大的溫暖，但也讓她感到恐懼。因為她當時才十九歲，她覺得自己完全沒有能力照顧嬰兒，因此當她婆婆突然介入，堅持要聘請一支全天候的護士和保姆團隊時，瑞秋並沒有反對。擺脫了當媽媽的職責，瑞秋照舊繼續著她作為格林威治村[1]名媛的生活，沉浸在當時的藝術和毒品文化中。在她第二個孩子出生的時候，也僅只是短暫地中斷了這樣的生活方式，因為第二個孩子也很快被交給了護士。

瑞秋從來沒有機會好好扮演母親這個角色，隨著孩子們的成長，她仍然感到相當不自在，尤其是在她丈夫和婆婆對孩子們的教養有許多意見的情況下。因為在孩子身邊她總覺得自己很無能，所以她經常選擇遠離孩子們，但這卻讓她感到更加的疏離和無能。她記得在希臘的某個夏天，她和兩個年幼的女兒單獨在那裡待了好幾個禮拜。遠離了曼哈頓令人興奮的生活漩渦，幾乎不受丈夫家人的干擾，瑞秋每天都和孩子們玩耍，照顧她們。如今，當她回想起這個夏天的甜蜜時，她難免還是想掉淚。

然而，那個夏天她與孩子們之間的連結是後來無法複製的。女兒們上小學時，瑞秋酗酒和吸毒的習慣變得很嚴重。在瑞秋三十二歲時，她丈夫帶著女兒們一起離開了她。瑞秋只被允許與孩子們有極少的接觸，待她們長大成人時，她們之間已然徹底疏遠了。

如今，瑞秋已經戒酒將近二十年了。她與兩個孩子都有聯繫，儘管大女兒每年只與她聯絡幾次，但小女兒一直都有參與她的生活，瑞秋也很享受能以祖母的身份出現，那是她作為母親從未有過的經驗。而瑞秋在治療中有一部分的任務，就是能夠去哀悼她已經失去為她的孩子好好當媽媽的機會。

建立與保持依附

我有一位朋友，有三個孩子，她以前每天都開玩笑地提醒自己，養育孩子應該是有趣和愉快的事情——她其實指出了一個重要的事實。神經生物學家指出，我們的大腦配備了一種獎勵機制，可以幫助我們對彼此以及新的經驗保持開放；同時也配備了一種壓力系統，把我們鎖定在某種防衛的、封閉的狀態中。正如丹尼爾．休斯（Daniel A. Hughes）[2]和喬納森．貝林（Jonathan Baylin）[3]在他們的著作《以大腦神經科學為基礎的育兒》（*Brain-Based Parenting*）一書中所述：「愛是對另一個人開放的狀態，它在我們的大腦和身體中與封閉的自我防衛狀態競爭。做好育兒工作需要我們能夠在大多數時候對孩子保持開放與互動，而不是為了防衛自己的不安全感而對他們採取封閉的態度。」[4]

母親依附孩子是一種自然規律。當母嬰關係正常發展時，在母親滿足孩子的需求後，會感到高興與滿足。寶寶哭了，媽媽走到她身邊把她抱起來，接著寶寶就停止了哭泣。這個過程會向母親傳遞一個跟她的能力有關的強烈信息，照顧她的孩子讓她感到有能力和自信，當媽媽因此得以成為自我價值的泉源。在這種情況下，為人父母會讓人感到深具意義又令人愉悅（至少在某些時候是如此）。享受與我們的孩子相處和愛護他們，幾乎是同樣重要的事，因為從某個人身上獲得快樂是穩固依附的基礎。

當出於某種原因，妳覺得自己無法勝任母親的角色時，妳可能會覺得孩子是妳焦慮感、不安全感或羞愧感的來源。然後，妳可能會發現自己在迴避他們，因為妳覺得自己無法勝任照顧他們的工作。這會讓妳感到無法那麼依戀妳的孩子，而這可能會讓妳更難照顧他們，導致妳在身為人母這件事情上感到更加痛苦和意志消沉，從而形成一個自我強化的失連循環（cycle of disconnection）。並且，因為妳可能會感到強烈的羞愧與無能，妳不僅會覺得自己失去了與孩子的連結，妳也會覺得失去了（或者從未找到過）與自己的真實連結。

每一位父母都會至少在某種程度上暫時經驗過這種失連模式。當我們在擔心工作上的困難而發現自己在孩子吵鬧的時候對他大發雷霆；當我們在陪他們寫作業時感到煩躁不安；當我們看到青春期的孩子做出糟糕的決定並替她感到害怕，發現我們自己想要閃躲她時——這些都是休斯和貝林所說的「受阻的親職照護」（blocked parental care）的短暫經驗的例子。許多媽媽都會在苦惱的時候經歷過像這樣輕微的失連，但這完全是育兒過程中正常的一部分，甚至對我們大多數人來說每天都會發生。在一整天中，我們對孩子開放程度的起起伏伏可能是必要的、也是健康的。從本質上說，它給了孩子空間去發展與我們分離的自我感。

然而，當這種失連模式成為長期現象時，我們可能會發現自己正在從母親的角色中退出。這就是發生在瑞秋身上的事。這種重大的連結斷裂可能發生在任何時候，並伴隨著許多不同的原因。產後憂鬱症的一項明顯特徵是，那個會讓我們想要靠近孩子的母性獎勵機制無法正常運作。患有產後憂鬱症的母親可能會幻想著離開嬰兒，或者至少和嬰兒在一起時感覺不到快樂，這通常伴隨著無能感與低自我價值感。與貧困相關的壓力也可能會引發親職照護系統的長期崩潰，當一位母親精疲力竭、不堪重負並且沒有足夠的支持時，她可能會在多數時候陷入防衛、封閉的狀態。這種長期的恐懼和防衛狀態會切斷我們與孩子的連結，也切斷我們對活著的感覺，我們會覺得好像失去了自我。

青春期是另一個可能會發生嚴重斷裂的時期。如果說作為父母的勝任感是我們能夠享受並與孩子建立連結的關鍵因素，那麼就很容易可以理解為什麼青少年期在這方面存在著如此大的挑戰。雖然幼兒也可以很令人抓狂，但他們通常也很可愛、愛撒嬌和令人發笑。但是，青少年有時會讓人感到很困難、沮喪，甚至是恐懼的。對於某些人來說，教養青少年可以得到的回報可能極其稀少。如果妳正在養育一個難搞的青少年孩子，並感覺無法獲得有連結感和勝任感的正向經驗，妳可能會發現自己想要中斷與他的連結。但記得，這樣的衝動對孩子的發展來說可能是有幫助的，畢竟青春期是他們開始要與我們分離的時期。即使在我們想要封閉和退出的過程中，我們也需要找到某種方法來相信自己，並知道自己仍可以提供孩子許多東西，即使青少年孩子沒辦法將這些反饋給我們。

有一篇格林童話可以讓我們看到，因為嚴重的情感創傷而導致受阻的親職照護。這篇故事描述一位母親陷入嚴重憂鬱，因此無法保護她的孩子，也無法與孩子以及她自己保持連結。

六隻天鵝

從前從前，有一位國王在偌大的森林裡打獵，他拚命向前追趕獵物，把侍從越拋越遠，沒有一個跟上他。直到夜幕低垂，他停下來環顧四周，才發現自己單獨一人，迷路了。他想找離開樹林的路，但怎麼也找不到。此時，他看到一位老婦人走來，但他並不知道這位婦人是個女巫。

「我親愛的女士，」國王對婦人說，「妳能告訴我離開樹林的路嗎？」

「哦，是的，陛下，」她回答，「我確實可以，但是我有一個條件，如果你不答應，將永遠無法走出這片樹林，並且會餓死在這裡。」

「什麼條件？」國王問道。

「我有個漂亮的女兒，」老婦人說。「如果你讓她成為王后，我就告訴你離開森林的路。」

國王非常害怕，只好答應了。老婦人把國王帶到她的小木屋，她女兒正坐在爐火旁。她接待了國王，就像她一直在等著他似的。儘管她非常漂亮，但國王並不喜歡她，他一看到她就暗自地感到毛骨悚然。

在國王將這位女孩抱上馬後，老婦人便為他指路。國王回到了他的王宮，並且在那裡舉行了婚禮。這位國王早已結過婚，他與第一任妻子生了七個孩子，六男一女。國王愛他的孩子們勝過世上的一切。

國王擔心繼母會虧待孩子們，於是把他們帶到森林中央一座僻靜的城堡裡。這座城堡非常隱密，路也非常難找，要不是一位智慧女性給了他一團魔法毛線，他也找不到這個地方。只要他把魔法毛線扔到自己面前，毛線球就會自動解開，為他指引方向。

然而，因為國王經常去看望他親愛的孩子們，王后注意到他經常不在。她很好奇的想知道國王一個人在樹林裡做什麼。於是她賄賂了國王的僕人們，僕人們便將國王的祕密告訴她，並且還把毛線球拿給了她。

王后用白色絲綢做了幾件小襯衫，並在裡面縫著魔法符咒。有一天，當國王騎馬出去打獵時，她帶著小襯衫走進了樹林，讓毛線球為她指引方向。孩子們看到有人從遠處走來，以為是親愛的父親來找他們了，他們滿心歡喜地跑去迎接他。接著，王后把一件件襯衫扔在孩子們身上，當襯衫觸碰到他們的身體時，他們就變成天鵝，從樹林飛走了。王后非常高興地回家，認為自己已經擺脫了這些繼子。然而，還有一個女孩並沒有和哥哥們一起跑出去，而王后並不知道有她的存在。

第二天，當國王去探望孩子們時，發現除了女孩之外，其他人都不見了。

「妳的哥哥們呢？」國王問道。

「親愛的父親，」她回答說，「他們離開了，留下了我一個人。」

她告訴國王，她是如何從窗戶看到她的哥哥們像天鵝一樣飛出樹林的。她給他看那些她撿起來的、掉在院子裡的羽毛。國王傷心欲絕，但他不認為王后會做出這種惡行。因為擔心女兒也會被偷走，於是國王想把她留在身邊。但女兒很害怕這位繼母，於是請求國王讓她在樹林裡的城堡裡多住一晚。

可憐的女孩心想，我不能再留在這裡了，我要去尋找我的兄弟們。當夜幕降臨，她跑進樹林中。她走了又走，終於發現一間獵人的小屋，在裡面找到一個有六張小床的房間，就爬進一張床底下睡著了。

就在太陽快要下山的時候，她聽到一陣急促的聲音，並看到六隻天鵝從窗戶飛了進來。它們降落在地板上後，往彼此身上互相吹氣，把所有的羽毛都吹散。接著他們的天鵝皮就像襯衫一樣掉了下來。女孩看著他們，認出這是她的哥哥們。她很高興地從床底下爬了出來。哥哥們見到妹妹也很高興，但他們的喜悅並沒有持續太久。

「妳不能留在這裡，」他們對她說。「這裡是強盜的巢穴，如果他們回家發現妳，他們會殺了妳的。」

「你們不能保護我嗎？」小妹這麼問。

「不，」他們回答。「我們每天晚上只有一刻鐘的時間能脫掉天鵝皮，只有在那個時候，我們才能恢復人形。然後，我們又會變回天鵝。」

小妹哭著說：「沒辦法救你們嗎？」

「唉，沒有，」他們回答。「條件太困難了。除非妳在六年的時間裡既不說話也不大笑，並且在這段時間裡用紫菀花為我們縫製六件小襯衫。只要妳從嘴裡說出一個字，所有的努力都會付諸東流。」

哥哥們說完這些，一刻鐘就結束了，他們又變回天鵝飛出窗外。儘管如此，女孩還是下定決心要救回她的哥哥們。她離開獵人的小屋，來到樹林中央，坐在一棵樹上，並在那裡過了一夜。第二天早上，她出去採集紫菀花並開始縫製。她不和任何人說話，也不想笑。她就坐在那裡，只專注在她手上的針線活。

她在那裡待了很長一段時間，後來，正巧這片土地的國王正在這片樹林裡打獵。他的獵人們來到了女孩坐著的那棵樹下。他們問她說：「妳是誰？」但她沒有回答。「妳下來我們這裡吧，」他們說。「我們不會傷害妳的。」女孩只是搖了搖頭。當他們繼續追問她時，她把自己的金項鍊扔給了他們，以為這樣他們就會滿意了。但他們並沒有因此被打發，於是她又把腰帶扔給了他們，當這也沒有用時，她又扔了她的吊襪帶，然後，她一次扔一件地把身上所有的東西都給了他們。直到最後，除了她的連衣裙，她什麼都不剩了。

然而，獵人們並沒有因此打消念頭，他們爬上樹，把女孩抱下來，並把帶她去見國王。國王問：「妳是誰？妳在那棵樹上做什麼？」但她並沒有回答。國王用他所知道的各種語言詢問她，但她卻仍然悶不作聲。但因為她是如此美麗，國王的心因此被觸動了，並深深地愛上了她。他將自己的斗篷披在她身上，把她抱上馬坐在自己身前，並帶她回去他的城堡。回到城堡後，國王讓她穿上華麗的衣服，但沒有人能夠從她那裡聽到她說任何一個字。

在餐桌上，國王讓她坐在自己身邊，她的恭謙有禮讓他十分滿意，他說：「她將成為我的妻子。」幾天後，他們結婚了。但是國王有一個邪惡的母親，她對這樁婚事很不滿意，並且會到處說年輕王后的壞話。「誰知道呢，」她說，「那個不會說話的女孩到底是打哪兒來的？她才不配跟國王在一起。」

一年後，王后生下了她的第一個孩子，但邪惡的母親趁她睡著的時候把孩子從她身邊奪走，並在王后的嘴巴上塗滿了鮮血。然後她去找國王，指控年輕的王后吃了自己的孩子。國王不相信這個指控，也不允許任何人傷害王后。然而，王后只是一直坐著、縫製著襯衫，什麼都不在意的樣子。

下一次，當她再次生下一個漂亮的男嬰時，這個狡詐的婆婆又做了同樣的事情，但國王仍無法相信她的指控。他說：「她太好、太善良了，不可能會做那樣的事。如果她可以說話、如果她能夠為自己辯護，大家就會知道她是清白的。」

但是當邪惡的母親第三次偷走她剛出生的孩子，並指控王后時，王后一句話也沒有為自己辯護，國王別無選擇只好將她繩之以法，而王后被判處了火刑。

到了執行判決的日子，同時也是她被禁止說話跟大笑的六年的最後一天，她把她親愛的哥哥們從魔法詛咒中解救出來了。那六件襯衫完成了，只有最後一件襯衫的左邊袖子還未完成。當她被帶到火刑柱前時，她將襯衫擱在自己的胳膊上。她站在那裡，當火即將被點燃的時候，她環顧四周，六隻天鵝從空中飛了過來。當她看到他們即將破除魔咒時，她的心歡喜得怦怦跳。

天鵝們俯衝向她的方向飛來，好讓她可以將襯衫扔到它們身上。當襯衫一觸碰到他們，他們的天鵝外皮就掉了下來，她的哥哥們精神奕奕、英姿颯爽地站在她的面前。然而，最小的那個哥哥失去了左臂，取而代之的是天鵝的翅膀。

他們互相擁抱與親吻。接著，王后走到深受感動的國王跟前，她開口說道：「親愛的丈夫，現在我可以說話了，我可以告訴你我是無辜的、我是被冤枉的。」然後她告訴國王，邪惡的婆婆把他們的三個孩子帶走並藏起來了。

他們全部被帶到國王跟前，國王非常開心。作為懲罰，邪惡的婆婆被綁在木樁上燒成了灰燼。但是國王、王后以及她的六個哥哥們從此過著幸福快樂的日子。

故事中的這位母親被自己的父母背叛和遺棄，這讓她與她的哥哥們變得脆弱且不受保護。如果妳在童年經歷過情感上的遺棄，那可能會讓當母親這件事變得更加困難。故事中女主角失去哥哥們是段很重要的環節，就象徵意義上來說，這是一種失去我們自身有益能量的意象，而這種能量本是用來支持和活化我們的。然而，這個環節也可能有著更字面上的共鳴，那就是如果我們生長在一個情感上被遺棄或忽視的家庭中，我們可能也會看見我們的兄弟姊妹在受苦。在父母缺席或忽視的家庭中，年長的兄姊常常對年幼的弟妹有著強烈的責任感，並可能會承擔起保護他們的責任。然而這對孩子來說是一項過於巨大的責任，基本上就是讓孩子去承擔一項不可能完成的任務，註定會以失敗收場，因為沒有孩子可以完全代替父母。讓年長的孩子看著年幼的弟妹成長和掙扎，這整個過程可能會帶來跟隨他們終生的罪咎感。

在故事中，女主角為了彌補父母的過失而放棄了自己的聲音。雖然傷害是邪惡的繼母和沒能保護孩子不受新婚妻子荼毒的國王造成的，但卻需要女兒來犧牲，而這個犧牲也讓她無法自我表達或保護她的孩子。

這個童話故事強調了作為母親的我們，可能會如何在代代相傳的失能模式中掙扎。這些傷害的傳承往往可以追溯到好幾個世代，並可能會在我們無意識的情況下默默地影響著我們。去意識到這些古老的家庭模式，可以大大地幫助我們彌補祖輩所受的痛苦，以及讓自己和孩子擺脫這些破壞性的傳承。

失去我們的聲音

當國王的手下在樹上找到女主角時，她是沒有辦法回答他們的，只能把她身上所有的珠寶和衣服都給出去。這是一種心靈毫無防禦能力的意象。當我們處於這種狀態時，我們可能會試圖透過放棄我們僅有的東西來保證我們的安全，但這通常會使我們更加脆弱。作為女性，我們特別容易在與他人相遇時貶低自己，以表示我們沒有威脅性。

女兒十幾歲時，我經常無意中聽到她和朋友們的對話。我很容易就能辨識出女性之間典型的關係模式（尤其是年輕女性）。女孩們會輪流自我貶低，她們會在平常閒聊時這麼做，並且經常伴隨著緊張的咯咯笑聲。「我數學好爛，但話說回來，我幾乎每一科都超爛。」「我的頭髮今天是怎樣？」「天啊，我真的超不會打這個遊戲！」雖然這是年輕女性之間常見的說話方式，卻讓人很難聽下去。然而我意識到，這種行為有一部分的功能是要傳達一種互不侵犯的協定：我對妳沒有威脅、我不會和妳競爭。當我們還年輕並對自己感到不確定時，有時讓自己變得更脆弱可以達到目的——就像童話故事中的公主一樣。國王被她的美麗與毫無防備所打動而愛上了她。

當然，如果為了逃避衝突而過度依賴不斷解除武裝和脫掉衣服的關係策略，將會使我們難以獲得權利或站穩自己的立場。作為一種偶爾或臨時的策略，它或許有其價值。然而，當我們受到憂鬱或自我價值低落的折磨時，這可能是我們唯一的防禦策略，而這會使我們難以保護自己或孩子。

就像故事中的女主角一樣，瑞秋被她的丈夫追求僅只是因為她的美貌。她的沉默就某種意義上來說，是因為她還沒有找到自己的聲音。「我不知道自己是誰，」瑞秋回憶道。意識到自己說話的口音和低教育水平，她記得在婚前的日子裡，她經常有意識地選擇在派對和社交活動中保持沉默。她很早就明白在這些場合中，她的工作就是讓自己看起來很漂亮。「通常我只要一直微笑就夠了。」

作為母親，若我們像童話中的女主角一樣，我們可能更容易受到受阻的照護功能（blocked care）的影響。瑞秋年輕、權利被剝奪、還沒找到自己的聲音和權力，她在還是青少年的時候就發現自己被推入一個節奏很快的成人世界。在那個世界中，她的美貌就是她的貨幣，而當她使用美貌來交易時，幾乎沒有機會在其他面向上認識或發展自己。她因此仍未發展成熟，也仍孩子氣，而到她有孩子的時候，她還沒有什麼傾聽和信任自己的經驗。若妳從來沒有機會發展自己的行動性（a sense of agency），當妳需要照顧孩子時，妳可能會感到受威脅和不確定。

負性母親

在故事中有個邪惡的婆婆是很有意義的。新手媽媽經常在照顧孩子的權力上與婆婆發生爭執。我的個案蘇珊（Susan）非常喜歡她的婆婆，基本上覺得婆婆是很熱情的、很支持她的。然而，當她成為母親後，她覺得她婆婆變得對孩子佔有欲很強，經常在蘇珊還沒有準備好要離開寶寶時，堅持要和孩子單獨在一起。當她婆婆開玩笑地說她「迫不及待地想要摸到孩子」時，蘇珊一點也不覺得好笑。根據我的經驗，蘇珊並不是唯一一個在初為人母時與婆婆關係緊張的人。還有一個常見的現象是，祖母們經常覺得自己知道如何正確地照顧嬰兒，並且在提供建議或「幫助」時表現得過於強硬。這當然也是瑞秋的經歷，當她婆婆堅持要僱人來照顧寶寶時，瑞秋並沒有足夠的立場去反駁她。

當然，蘇珊的婆婆並不「邪惡」，瑞秋的婆婆也是。這個故事強調了某種世代鬥爭的原型模式，年輕女性被召喚去扮演母親的角色並維護自己的權力，而年長女性必須學會在某種程度上放棄控制，並學會與她逐漸衰落的位置和平相處。正如我們在蘇珊和瑞秋的故事（還有很多電視劇）中看到的那樣，這種狀況幾乎不太會順利進行。當這種世代交接不順利時（不管是因為年輕女性難以獲得權力，或是年長女性難以放棄權力），這種動力可能會導致母性照護功能受到阻滯。為了要保持開放和依附，作為母親的我們能感覺到自己是有能力可以照顧孩子這件事是非常重要的，所以當婆婆用過多的批評、干涉或「幫助」來破壞這種能力感時，我們可能會發現連結變得更加困難了。

我們也可以從象徵意義上來看婆婆這個角色，從這個角度來看，這個角色的意義會變得最為鮮明。根據這個故事的心理學詮釋，婆婆代表了一種內在的負面破壞能量，這種能量會帶走所有女主角帶來的新生命。她是一種內化的負性母親意象，而我們的內在都會有某種形式的內化負性母親，即便我們自己的母親實際上是充滿愛與支持的。這種內在能量可能會消耗內在資源，致使我們質疑自己，並感到貧乏。若妳現實中的母親是缺席的、憂鬱的、吹毛求疵的，或者在情緒或肢體上虐待妳，那麼妳內化的負性母親能量可能會特別強大。

若我們在童年時期與父母相處的經驗是有破壞性的，那麼這些經驗會被內化，並持續影響著成年後的我們。就好像我們與父母的早期經驗成為我們如何對待自己，以及我們無意識地期望別人如何對待我們的一種模式。而這可能會對我們能否為自己發聲、能否建立健康的關係、以及能否以韌性面對逆境的能力，產生深遠的影響。從這個角度來看，故事中的繼母和婆婆雖然皆以女主角母親的角色出現，卻也是在她心靈中運作的內化負性母親。

我們都會內化我們的父母，這是我們人格自然發展的一部分。我們的腦海中可能還真有他們的聲音——如果想想我們平時是如何對自己說話，以及觀察我們內在對話是如何流動的，我們很可能會辨識出父母過去曾告訴過我們的話。也就是說，若父母能夠在我們痛苦的時候安慰我們，那麼我們成年後在面對逆境時，這樣的經驗可能就能成為借鏡。這種正向的母性經驗會成為一種內在的、用之不竭的資源。當我們感到沮喪時，我們可以轉向內在去尋求安慰，或者至少能夠溫柔地對待自己。

另一方面，如果我們的父母是疏遠的、輕視的、貶低的或是嚴厲批判我們的，那麼這樣的內在資源就會不足。甚至我們內在的聲音可能會攻擊我們，說我們不好，而無法向內在尋求安慰。擁有一個內化的負性母親如同是活在詛咒之中，就像這個故事中的哥哥們所受的詛咒一般。我們可能會發現自己很難建立健康的關係，或很難去追求想要的東西，因為某些內在的能量讓我們充滿了自我懷疑或恐懼。日復一日地在腦海中「聽到」我們是毫無價值或不足的，可能會讓我們變得憂鬱，會因為害怕不被愛而選擇隔離自己。

《六隻天鵝》是一篇關於負性母親的詛咒的故事。故事從孩子們的父親在森林中迷路作為開始——這通常是被用來象徵無意識的常見意象。這個父親迷失在內在世界中，並任由女巫要把女兒嫁給他的計謀得逞。儘管他在看到她時顫抖地擔心著她會傷害自己的孩子，但他仍無力拒絕，並娶了這個女孩。

有過童年創傷經驗（像是父母虐待）的女性有更高的風險罹患產後憂鬱症。凱瑟琳・史東（Katherine Stone）是一位部落客，也是企業家，她飽受產後焦慮的折磨。她在她的部落格「產後歷程」（Postpartum Progress）上，分享了一些她的故事：

我一出生就被人收養了，我和我的養父母住了幾個月（說實話，我其實不知道到底多久），然後又回到了親生父母親身邊，他們是兩個還沒有打算結婚或生孩子的年輕大學生。很小的時候，我的父母就有酗酒的問題，他們也患有精神疾病。後來仔細想想，我在第一個孩子出生後就有產後焦慮症和強迫症，也沒什麼好意外的。

從傑克遜出生的那一刻起，我就歇斯底里地對他的事情保持警戒。我擔心我沒有能力把他照顧得夠好、我睡不著、無法放鬆。要保護好他這件事非常重要，以至於所有侵入我腦海的想法都是我會是那個讓他受傷的人。現在想想，我生命最初幾個月不穩定的經驗一定影響了傑克遜剛出生時我的想法和行為。5

若這種負面的、破壞性的能量在我們的心靈中佔據了很大的空間，那麼這些能量很可能會在我們成為父母時被觸發。對於某些人來說，這可能意味著我們會為產後情緒障礙所苦。女主角的無法言語、無法阻止自己孩子被帶走的無助，在大家看來像是她殺了又吃了自己的孩子一般，這樣的意象是一種對產後憂鬱症深刻而強烈的心理描寫。專家估計，大約百分之五到十的媽媽在分娩後的幾週內會有產後憂鬱症，而更高比例的女性會有不那麼嚴重的「產後憂鬱」（postpartum blues）。產後憂鬱症的症狀包括難以與嬰兒建立連結、迴避家人或朋友，以及有想要傷害孩子的侵入性想法——似乎也都是我們故事中的女主角所表現出來的症狀。（我們可以把她沾滿鮮血的嘴理解為她害怕自己可能會傷害孩子的意象。）

孤立與絕望

當物質濫用、憂鬱、壓力或其他問題，讓我們很難對為母經驗保持開放和放鬆時，可能會導致親職照護的能力受到阻礙。當我們發現自己有著令人不敢想像的想法時，像是我們不喜歡當媽媽或希望自己沒有生下孩子，這種經驗可能會帶來深深的羞恥感。這些感覺不容易分享或談論，我們可能會因此感到十分孤立。在極端的情況下，這些感覺會導致我們和自己以及和孩子以一種殘忍的方式永遠失去連結。

美國詩人兼小說家雪維亞・普拉絲（Sylvia Plath）就是一個例子，她與憂鬱症的鬥爭最終讓她變得沉默與無助，無法保護自己或她的孩子。普拉絲的父親在她八歲時去世，讓她的情感嚴重受創。她年輕的時候一直為憂鬱症所苦，並在二十歲時企圖自殺。她與英國詩人泰德．休斯（Ted Hughes）的婚姻起初似乎有可能為她帶來巨大的幸福。然而，在她生下第二個孩子的那年，休斯為了另一個女人離開她時，普拉絲墜入了深深的憂鬱之中。就像《六隻天鵝》中的女主角一樣，普拉絲的資源有限，無法幫助她應對孤獨與絕望。她獨自一人在寒冷的倫敦，遠離家鄉。儘管她下定決心要尋求幫助，但她仍無法與自己和孩子保持連結。一九六三年二月十一日，普拉斯將濕毛巾塞在廚房的門框上，以防止二氧化碳氣體外洩到隔壁她那仍是幼童和嬰兒的孩子們睡覺的房間，然後將頭放入烤箱中自殺。普拉絲的悲劇故事放大了某種思索童話故事中母親困境的方式，她的耗竭與沉默讓她無法為孩子們發聲。

在這個故事中，破除詛咒的過程需要六年繁瑣而艱苦的工作。這六年來，女主角除了縫製能拯救哥哥們的襯衫之外，幾乎沒有做任何其他事情。這其實類似於一個人要從童年創傷或情感虐待中復原所須進行的艱苦工作，我們可能需要數年的時間才能打破這種魔咒。這通常包括要透過有意識地培養對自己的溫柔和同理來編織一種新的內在安全感。隨著我們繼續沉入井中的旅程，我們將有機會進行這種療癒。在本書的後續章節，將更深入地了解如何破除這些魔咒，以及這麼做所帶來的益處。

雪維亞．普拉絲和瑞秋都是失去連結的極端案例，但每個人可能都會在童年階段感到某種程度被遺棄，這樣的經驗可能會促使我們成為父母時遠離孩子。也許是因為妳的父母過度投入工作，又或者他們離婚了；也許妳來自一個彷彿從來沒有足夠情感資源的家庭。所有這些經驗都會讓我們不易堅定自己作為父母的角色，而當媽媽會讓我們有機會重新審視這些傷口，甚至可以療癒它們。

破除魔咒

我的個案奧莉芙（Olive）在家中排行老大，她的父母都是酒精成癮者。她在混亂的環境中長大，家中甚至偶爾還會發生暴力事件。她回憶起父親經常在酒後變得暴怒，也記得在父親發脾氣時，和弟弟妹妹一起躲在她的房間裡。到奧莉芙十幾歲的時候，她也開始嗜酒。她工作勤奮，也是個頗有天賦的學生，藉著酒保的工作完成了大學學業，這份工作雖然可以支付她的開銷，但也讓她更容易繼續喝酒。到她畢業時，她與一個同樣酗酒的男人談了一段認真的戀愛。幾年後她懷孕了，兩人也結婚了，不久之後，他們便有了第二個孩子。

如今，奧莉芙在回憶起早年當媽媽的時光時，淚流滿面地哭著。當時她每週都會喝到斷片，對孩子們的童年幾乎沒有什麼記憶。她確實記得自己很容易被孩子們惹惱，並想要盡可能地避開他們。她經常要丈夫看孩子，這樣她就可以和朋友出去喝酒。她知道自己經常對孩子們發脾氣，並覺得他們是累贅。她的婚姻從一開始就非常緊張，夫妻倆經常在孩子們面前大聲爭吵。當丈夫對她施暴時，奧莉芙堅毅地帶著孩子離開了他。在離婚後的幾年裡，她繼續大量飲酒，但還勉強有足夠的能力保住一份工作，也還能試圖處理基本的教養任務，但無法真正與自己和自己的需求（或她的孩子）有所連結。

有一天晚上，她喝得酩酊大醉，昏倒在一條巷子裡，獨自在清晨裡醒來。這件事對她來說是「跌到谷底」的時刻，她第二天便去參加了戒酒無名會（Alcoholics Anonymous），從那以後她就戒酒了。奧莉芙在她戒酒幾個月後來找我，雖然我們同時關注許多不同的議題，但奧莉芙必須做的一部分工作是去了解自己是誰，以及對她來說真正重要的是什麼。因為在她喝酒的那段時間，她從來沒能夠去感受自己的情緒，她用酒精和強迫性工作來填補自己的情感。而戒酒是一個了解自己和自己需求的緩慢過程，由於她從很年輕的時候就開始喝酒，因此這整個過程變得更加困難。

這過程中有一部分是要與她的孩子們連結。這包括了要原諒自己在孩子還小的時候，沒能成為自己希望成為的那種母親。這需要她放棄強迫性行為，才能與孩子們同調，並享受與他們在一起的時光，而這些事情都需要時間。終於，奧莉芙覺得自己有能力滿足孩子們物質和情感上的需求了。

在某次會談中，她與我分享了最近一次在戒酒無名會上的經歷。有位女性講述了她的故事，這位女性在她孩子的整個童年時期都在酗酒，直到他們成年後才戒酒，而她對自己錯過的時間表達了深切的悲痛。奧莉芙對這個女人產生了強烈的共鳴，她很可以感激自己在孩子們還小的時候就戒酒了，她還有好幾年可以好好當媽媽，與孩子們建立連結，並享受與他們相處的時光。

這個故事告訴我們，在婆婆的惡行被揭發後，被帶走的孩子與父母團聚了。我們與孩子的連結偶爾中斷是正常的，母親與孩子之間的連結是牢固而有彈性的。它們可以被拉伸到很大的程度，然後又迅速彈回原位。即便是多年來照護能力受阻的狀況也可以得到療癒和修復，就像奧莉芙一樣。然而，如果我們與自己和孩子建立連結的能力長期受到損害，有些失落可能是永久性的，就像瑞秋一樣。

任何重大的失落都需要被哀悼。奧莉芙不得不為孩子早已度過的嬰兒期和童年早期感到悲傷，因為她缺席了。但那些歲月一去不復返，成為了不可改變的過去的一部分。而瑞秋要面對更多的失落，這項任務是我們工作的核心。瑞秋得去哀悼她與孩子們從未有過的關係，這需要她不再那麼責怪自己，但這讓我們陷入了僵局。她必須原諒和接納曾經的那個自己，並且還有很多的眼淚要流。

針對迷失自我，可以反思……

1. 妳曾經什麼時候覺得與自己失去連結？或是與孩子失去連結？當妳有這種感覺時，妳的感受是什麼呢？
2. 這一章的童話故事始於國王在森林裡迷路，因而輕易地中了女巫想讓他娶她女兒的詭計。在妳的生命中，妳有沒有曾經覺得自己在黑暗的森林裡迷了路？妳又是如何設法找到出路的呢？
3. 故事中的女主角有一個會傷害她的繼母和一個無法保護她的父親。我們大多數人會帶著童年的創傷進入成年期，即便是那些擁有「夠好」父母的人。這些傷口會在我們成為父母時變得特別難受。那麼童年時期妳在哪些方面沒有受到保護或受到傷害呢？
4. 女主角無法說話，也無法為自己辯解。毫無防備的她第一次見到國王的手下時，她回應的方式是給出她所擁有的東西。妳曾經在什麼時候發現自己失去了聲音？失去為妳自己和妳的需求說話的能力呢？妳又是如何作回應的呢？

5. 故事中，女主角的婆婆偷走了嬰兒。作為一位母親，是誰或是什麼透過慫恿妳懷疑自己，而暫時偷走了妳與自己母性權威的連結呢？

6. 一位不能笑、也不能說話的年輕女性，她的孩子還從她身邊被帶走，這個意象是一種悲慘的隱喻，隱喻著我們當媽媽時可能會出現的憂鬱情緒。回顧一下妳對上面第一個問題的答案，以及那些妳感覺與自己和孩子失去連結的時刻。在童話故事中，這種失連的狀況會持續數年。在某些時刻感覺與我們的孩子失去連結是正常的，儘管難以啟齒，但是什麼因素會導致妳時不時與孩子失去連結呢？

7. 故事中的女主角在她可以解救哥哥們時能夠恢復與孩子的連結，但完成這件事需要多年的艱苦工作。當妳感到與自己的資源失去連結或與孩子的情感斷連時，需要做哪些工作來恢復連結呢？

8. 當媽媽以後，妳童年的哪些問題又再度浮現出來了呢？

1 譯註：格林威治村（Greenwich Village），紐約曼哈頓的一個主要是住宅的區域，在二十世紀時，成為許多作家和藝術家的居住地。

2 編註：丹尼爾．休斯（Daniel A. Hughes）是美國著名臨床心理學家。

3 編註：喬納森．貝林（Jonathan Baylin）是美國心理治療師。

4 原註：Daniel A. Hughes and Jonathan F. Baylin, *Brain-Based Parenting: The Neuroscience of Caregiving for Healthy Attachment* (New York: W. W. Norton, 2012), 13.

5 原註：Katherine Stone, "Postpartum Depression and Postpartum Anxiety Help for Moms," *Postpartum Progress* (blog), accessed March 28, 2020, postpartumprogress.com.

第二部

身處井底

at the bottom……

第四章

與黑暗相會

若我們希望去改變孩子身上的某些部分，
那麼我們應該先好好檢視，看看我們自己的這個部分是不是可以有更好的改變。——

——卡爾．榮格《榮格全集》第17卷

《兩個匣子》中的女主角歷經艱險的旅程，墜落到井底，並發現自己身處陌生的地方。在那裡，她遇到了會說話的籬笆、烤爐和乳牛。她遇到樂於助人的動物和一位指派她艱鉅任務的古怪老婦人。許多神話和童話都會描述在地下世界的奇怪冒險和充滿挑戰的考驗。美索不達米亞的伊南娜女神前往冥界探望祂的妹妹，然後被殺死並掛在木栓上腐爛；賽姬（Psyche）必須去海地斯那裡以取得波瑟芬妮的美貌，然後才能與她心愛的丈夫厄洛斯（Eros）重聚。神話學家喬瑟夫・坎伯（Joseph Campbell）指出，英雄故事經常描寫主角必須前往深淵去面對可怕的考驗。每當某個主題橫跨好幾個世紀、並在各大洲頻繁出現時，我們就知道那在人類的心靈上具有普遍相關性。換句話說，那就是原型。

在我們為人母時，會遇到不亞於神話女主角的艱辛考驗。其中一項考驗可能會跟我們要面對自己令人反感、懊悔、甚至噁心和厭惡的面向有關。與我們自己不願承認的部分相遇，是心理成長的必要過程。我們最有可能先在其他人身上注意到自己的這些部分，並將我們最看不起的特質認為是屬於周遭他人的。如果我們有孩子，我們將不可避免地把我們最壞的特質投射到他們身上。所有的父母都會在某個時刻看到孩子身上承載了自己最不屑的部分。如果我們能在這種情況發生時與孩子維持連結，我們將有機會了解並接受自己最不討人喜歡的一面，也就是榮格稱之為陰影的部分。

陰影

榮格曾經將陰影定義為「『人』不想成為的東西。」[1]陰影是我們本質中不可接受部分的集合，而這些部分在人格發展的過程中被拋入了黑暗。透過我們的父母、老師和文化，我們得知自己的哪些部分需要被隱藏起來。舉例來說，憤怒、自私和性慾可能就是我們過去學會不應該去接受的部分。而妳的家庭可能對於什麼是「可以接受的」有著自己特殊的「規則」，例如，妳或許會學到自負、藝術、聰明或某些其他特質是不好的。妳很有可能學會將自己的這些部分分裂出來、放逐到潛意識中，這樣妳就不必承認妳擁有這些特質。但最終我們會在人生中的某些時刻邂逅這些被我們分裂掉的自我，而它們是需要被正視的。

對抗陰影是通往個體化艱難旅程的第一步，或者對抗陰影也可以說是讓我們成為註定要成為的人的那個過程。某些陰影特質可以相當容易地被辨識和處理，但某些特質可能相對更難被我們發現和承認。例如，我可以看到自己過度放縱的傾向（看到體重在慢慢增加，可能也很難忽視！）。但要向自己承認我有時也會沒自信和充滿羞恥感，可能就更加困難，儘管我對外呈現出了精明能幹的人格面具。自我（ego）最無法接受的那些面向，通常只會在投射（projection）中被我們所經驗，也就是說我們會在其他人身上看到這些特質，並確信它們屬於別人而非我們自己。

在我參加分析師訓練的綜合考試時，我女兒才五歲。十二月下旬的某一天，我幫孩子們在汽車座椅上繫好安全帶後，跑回屋裡拿了滿滿一箱的書。因為學習一直不太順利，那天我要去我父母那裡唸書。每次在我閱讀資料時，我都感到自己一無是處。前一天晚上我還做了個夢，夢見我和一名個案在交談，抱怨我自己這輩子沒有什麼成就。我醒來時感到煩躁不安，我打開後車廂，把那箱書扔了進去。

那是個暖和的十二月，一個和我女兒差不多大的小男孩騎著他的兩輪車在我們家門前的人行道上。我立刻感到不適和自我懷疑，我女兒在六個月前，也就是她最近一次的生日時得到了一輛「大女孩」腳踏車，但她不僅不會騎，而且也對學怎麼騎毫無興趣（其實她是不敢嘗試）。在開車那一個小時的路途中，我一直在擔心她在哪些方面可能落後於同齡孩子。我對自己感到惱火，也對她感到惱火。為什麼她不能像我所知道的其他孩子一樣遙遙領先呢？幾個小時後，我才意識到我把對自己的擔憂投射到她身上了。正如本章開頭榮格所述的那樣，我希望我女兒改變的地方，實際上是我自己需要解決的問題。

投射被自己否認的部分

根據榮格的說法：「所有我們對別人感到惱火的事情，都能讓我們更了解自己。」[2] 換句話說，要找出妳可能投射了哪些特質出去的好方法之一，就是找出最讓妳討厭、生氣的人。那個人最讓妳生氣的是什麼？那很可能就是被妳自己所否認掉的特質。我曾經和一位叫艾倫的女性共事，我無法忍受她。她很漂亮，她自己也知道，她很容易與人調情、喜歡成為被關注的焦點，她顯然認為自己非常棒。但在我成長的過程中，成為聚光燈的焦點並自我感覺良好，被認為是非常不妥的。所以那些感受對我來說是陰影，看到艾倫活出這些特質，真的讓我很討厭她！

榮格指出，人身上總有個會接受投射的「鉤子」。艾倫確實有點自負，但若她沒有這項特質，我的投射就不會有落腳的地方。我對她感到憤怒的程度遠遠超過了其他任何人，它引發的能量遠遠超出這個情況所需要的程度。我對她的自以為是反應過度了，這對我來說是條線索，也就是這可能跟我投射了自己的素材有關。僅僅覺得某人討厭或令人反感，並不總是代表我們將自己的陰影投射到那個人身上，但若發現自己反應過度了，就確實該好奇一下。

童話故事有助於說明不同類型的投射素材、我們如何處理這些投射，以及這會為自己和孩子帶來怎樣的結果。若一直讓孩子背負我們認為不可接受的特質的重擔，就會讓孩子註定這輩子都得努力將自己與我們的投射分開來。與此同時，我們也失去了更深入了解自己的機會，因為我們從未了解那些投射出去的特質其實屬於自己。格林童話故事《烏鴉》描述一位母親希望她的女兒能飛走——或者換句話說，能帶走母親的陰影。母親的願望實現了，而她也讓她那還是嬰兒的女兒中了詛咒。故事是這樣開始的：

從前從前，一位王后有個頑皮的小女兒。女孩非常頑皮，有一天，王后無法讓她安靜下來，並且變得越來越不耐煩。這時她看見有隻烏鴉在宮殿裡飛舞，她打開窗戶說：「我希望妳是一隻烏鴉，從這裡飛走！這樣我就可以好好休息了。」她話才說完，孩子便化作烏鴉，從她懷裡飛出窗外。它（it）飛進一片漆黑的森林裡，在那裡待了很長一段時間，而父母再也沒有聽見任何關於孩子的消息。

當王后變得不耐煩的那一刻，陰影就「在那裡」飛來飛去。當她的陰影四處飛時，她希望陰影能落在小女兒身上。就彷彿王后說的是「我希望妳能帶著我的陰影遠離這個地方」，並且願望也就這麼成真了。令人心酸的是，這個故事給人一個印象，國王和王后都沒有試圖拯救他們的女兒。就像許多父母一樣，他們似乎安於讓孩子背負陰影、為自己找個方便的代罪羔羊。

當我們對孩子失去耐心時，就好像他們瞬間變得與我們幾乎沒有關係。這就像故事中的母親，我們透過把自己不討喜的特質投射到孩子身上，而導致了這種變化。當我無法容忍自己的某些部分，或當我擔心自己不夠好或不討人喜歡，而又沒有充分意識到這些感受時，我就會把不被自己接受的特質投射到孩子身上。故事中，在母親詛咒孩子之後，用來指稱公主的代名詞是「它」（it）。當我們利用孩子來幫助我們對自己感到更自在，要他們來承載我們所拒絕的特質時，我們就剝奪了他們完整的人性。若我們對這個過程過於無意識，它就會構成創傷，將孩子靈魂的重要部分流放到無意識的黑暗森林中。而作為母親的我們也失去了更多自我認識的機會。

投射是一個完全正常的過程，我們都會在不知不覺中頻繁地這麼做，而每一位父母都不可避免地會將自己的某些面向投射到孩子身上。孩子可能會在某些時候替我們背負著我們自己最鄙視和拒絕的部分。若我們一直努力保持苗條，而孩子體重卻在增加，我們可能會對此表現出極度的羞愧或恐懼；若我們一直都是害羞和內向的，而孩子在生日派對上只能在牆邊徘徊，我們可能也會感到尷尬難堪；若我們總是煩惱自己不夠好，那麼孩子的表現不佳可能會引發我們強烈憤怒、焦慮或悲傷。當然我們有時會不喜歡孩子的某些面向，但若能意識到自己的反應，我們經常會發現這些令人不快的特徵是自己不願承認和投射出去的特質。關鍵的問題在於，我們是否能意識到我們將自己的陰影投射到孩子身上。

當我們將陰影投射到孩子身上，又沒意識到自己這麼做時，可能會毒害他們的生命。這將會變成孩子必須要打破的魔咒，而且往往得付出巨大代價。一九八〇年的電影《凡夫俗子》(Ordinary People) 就描繪了這種動力。電影從一名住在芝加哥郊區的高中生康拉德・傑瑞特 (Conrad Jarrett) 因自殺未遂在精神病院長期住院，出院回到家中的幾週後開始。隨著電影的開展，我們得知哥哥巴克 (Buck) 因划船事故溺斃，弟弟康拉德倖存下來，卻變得憂鬱和有自殺傾向。巴克是家中的明星，也是母親最寵愛的孩子。雖然我們不太知道康拉德與母親的關係在巴克去世之前是如何，但我們知道她與康拉德從來不親近。康拉德很可能一直是她陰影投射的接收者，他不像哥哥那樣是個游泳健將。在巴克死後，康拉德也背負了母親的悲傷和憂鬱。

脆弱的母親貝絲無法好好哀悼兒子的死亡，她與她的真實情感如此隔絕，以至在葬禮上甚至沒有哭泣。在電影中，我們看到她焦急地想將兒子的死拋諸腦後，她催促丈夫計劃一次歐洲之旅，這樣他們就可以「恢復正常」。當作為母親的我們很難讓自己感受真實的情緒時，可能會被誘惑去躲藏在人格面具背後。

榮格將人格面具定義為我們在世界上所佩戴的面具。每個人都需要人格面具，甚至可能是好幾個，這取決於我們需要扮演多少角色。儘管人格面具總是有些膚淺，但擁有人格面具是重要且健康的。只有當我們過於刻板地認同某個人格面具，無法摘下面具時，人格面具才會成為心理健康方面的問題。貝絲完全認同了她的人格面具，她專注於網球、高爾夫，以及社交活動和雞尾酒會。即便在極度悲傷的時刻，她仍會被人格面具的問題所困擾，她的丈夫凱爾文（Calvin）當面質疑她竟擔心他要穿哪雙鞋去參加兒子的葬禮。由於她如此認同這個樂觀的人格面具，她無法讓黑暗面（她的陰影）進入其內在來平衡這個人格面具的存在。

陰影對有自戀特徵的人特別具有威脅性，比如貝絲。自戀的人最感興趣的是他人如何支持自己的自尊。自戀作為對自己的羞恥感或不足感的一種防衛，自戀型母親可能會認同的是她想要看到的自己，並且希望看到自己的家庭和孩子反映出這種自我。那些可以「挑戰我們、穿透我們的防衛，並引導我們進一步發展」[3]的陰影是不能被容忍的，因為它可能會破壞我們希望別人看到的理想化的我們。貝絲能夠認同巴克，是因為巴克反映了她希望被別人看到的方式，他是游泳隊的明星，而康拉德則在這方面辜負了她。（但巴克諷刺的死法暗示他成為母親的自戀延伸是有問題的，因為這位明星泳將竟死於溺斃。）

貝絲的憂鬱與絕望存在於陰影之中，因為在她的鄉村俱樂部生活中，這是不為社會所接受的。康拉德的自殺企圖對她來說既混亂又丟臉，正如康拉德在一次治療中向精神科醫生解釋的那樣：「聽著，我永遠不會被原諒的。絕對不可能！你知道，那是弄不乾淨的，你知道，那些她毛巾上、地毯上的血，所有的東西都得要丟掉，甚至連浴室的瓷磚也必須要重新填縫。」[4]所有她無法感受到的悲傷都投射到康拉德身上，讓康拉德替她背負著。就像大多數背負陰影的人一樣，他也因此而被排斥與拒絕。貝絲幾乎無法忍受待在她兒子身邊，因為他就是她不想成為的一切。他與母親的互動既緊張又尷尬，夾雜著來自母親的惡毒憤怒和拒絕，而這些情緒就在表面之下醞釀著。母親對他的明顯反感，也因他為母親背負其否認和投射的悲傷而加劇，她想擺脫掉他，貝絲打算要將康拉德送去寄宿學校，因為他「會激怒大家」，就像希伯來聖經的《利未記》中所描述的，代罪羔羊背負著百姓的罪孽被扔到沙漠之中。

收回與整合陰影

但是，如果母親能夠與自己被拋棄的部分保持某種連結呢？畢竟投射陰影是正常的，所有的母親都會將自己的陰影投射在孩子身上，但不是所有的孩子都會像康拉德或變成烏鴉的公主那樣受苦。當我們能夠接納並收回被自己拒絕的部分時，我們會發現，與陰影相遇可以是成長的良機。

母職提供了一個面對陰影投射的絕佳機會，因為我們很難在如此深愛的、負有責任的、並且認同的人身上持續這些負面的投射。我們會很難繼續分裂下去，尤其是當我們發現孩子令人討厭時，往往必須承認自己在塑造他們的行為方面發揮了遺傳或行為上的影響。當這種情況發生時，陰影投射會反彈回我們身上，這也部分解釋了為人母為何是如此強烈的體驗。只要我們不要太封閉和缺乏自覺，勢必會見證自己的陰影。

當我們能夠以同理的態度，歡迎在自己和孩子身上最鄙視的部分時，這些陰影內容就會被轉化。母職能提供救贖的機會，讓我們重新找回自己被拋棄的部分，因為當我們看到孩子背負著我們的陰影時，會更有同理心地與其連結。此外，我們可能會因為對孩子的愛，而願意超越自我厭惡和羞恥感，進而接納自身陰影。這麼一來，我們就可以透過接納自己身上最討厭的部分來教育自己，接著我們會願意敞開心扉，與他人建立真正的親密關係。當我們能夠接納有缺陷的自己時，就更有可能去關心、接納所愛之人。

源自獅子山的童話故事《兩個女人的故事》完美地說明了接納陰影所帶來的轉化潛能，以及接納陰影對生育能力的重要性。

兩個女人的故事

從前，有兩個女子嫁給了同一個男人。她們倆都沒有生育能力，但她們都非常渴望能夠生孩子。有一天，一個路過村子的男人告訴她，附近一位老婦人知道生孩子的藥方。第一個妻子馬上去找這位老婦人，懇求她幫忙讓她生個孩子。

老婦人說：「妳會洗掉它的髒污嗎？」「會。」「妳會讓它把妳弄濕嗎？」「會。」「那麼它能在妳身上嘔吐嗎？」「可以。」「妳會喜歡嘔吐物嗎？」「會。」「嗯，坐下。」女人坐了下來。她吃完了老婦人為她準備的食物，夜幕降臨，老婦人吩咐第一個妻子上床睡覺。

「不管在這裡發生什麼事，若妳想生孩子，那就不要害怕！好好對待這東西。」第一個妻子同意了。半夜，一條大蛇滑向這位少婦，她很害怕，但她讓自己平靜下來，欣然接受了那條蛇。就在她這麼做的時候，那條蛇就變成了一個小枕頭。她輕輕接過枕頭，吻了它三次，並將她的頭靠在上面。

不一會兒，老鼠來了。他們開始在她身上撒尿，但她並不介意，她不擔心她漂亮的衣服上有尿液。

早上，老婦人來了，看到事情的經過感到很高興。在年輕女人看不到的地方，她拿了個籃子放進一個滿身瘡痍的女嬰，還在籃子裡放了治瘡藥，再把籃子和生育藥一起送給第一個妻子。

「在妳走到水邊之前，不要打開籃子，」老婦人說。「當妳到達那裡時，煮一些米飯，然後打開籃子，把飯和生育藥一起吃掉。」

年輕女子按照老婦人的吩咐做了。等她煮完飯後，打開籃子，發現了那個渾身瘡痍的孩子。她小心翼翼地把孩子抱了出來，放在膝蓋上，不停地親吻她。她找到了治瘡藥，她幫孩子洗了澡，把藥膏擦在她的瘡上。接著，她餵孩子吃了一些米飯，孩子就痊癒了。

第一個妻子回到村莊，並繼續照顧這名女孩，不久後，她還生下了一個男孩。

第二個妻子看到了這一切，也想知道要如何生孩子，於是她去問第一個妻子是怎麼做到的，第一個妻子把所有的事情都告訴她。第二個妻子比較得寵，她總是會得到用昂貴布料製成的華麗衣裳。如今她也拿著生育藥去找那位老婦人，告訴老婦人她也想生孩子。

老婦人說：「我有事情要問妳，妳能洗髒東西嗎？」第二個妻子說：「什麼！我不是來這裡洗髒東西的，看看我和我漂亮的衣服，別再問我這種問題了！」老太婆說：「那麼妳能把尿洗掉嗎？」第二個妻子憤怒地說：「停止！我來找妳不是要讓妳叫我去洗尿的！」接著老太婆又問說：「那麼妳願意讓人吐在妳身上嗎？妳能把嘔吐物洗掉嗎？」然後她說：「我不會回答這種問題！妳會說這些話，只是因為妳實在太老了。」

就像老婦人為第一個妻子所做的那樣，老婦人把她帶到床上，並告訴她要欣然接受晚上遇到的任何事情。但是當蛇來的時候，第二個妻子把它扔出去，並把它打死了。當老鼠們來的時候，她站起來尖叫著說它們的尿液把她漂亮的衣服弄髒了。

早上，老婦人來了，看到發生了什麼事。但她相當公平，把同樣的東西給了第二個妻子，就像她給第一個妻子的一樣。她同樣地也告訴第二個妻子，在她到達水邊之前不要打開籃子，但是第二個妻子沒有聽她的話，她不相信這個老婦人，她在路上就打開了籃子往裡頭窺探。她看見了閃閃發光的皮膚——是一條蛇！她蓋上籃子繼續往前走，她到水邊後煮了飯，又打開了籃子。

這一次，她在籃子裡發現了一個滿身瘡痍的孩子，她拿了幾塊破布塞進孩子的嘴裡，這樣孩子就不會一直哭了。她不想讓人知道她帶回一個渾身長瘡的孩子，於是她直接走回老婦人家，扔下籃子，憤怒地說道：「我不是來求妳給我一個滿身瘡痍的孩子的。」而等她回到她的村莊時，她便死了。

正如我們在《兩個匣子》的故事中看到的那樣，兩位妻子分別展現了與無意識連結的不同方式。在這種情況下，我們可以說她們表現出與真實的內在小孩相處的兩種方式。我們心中都有一個可能會讓我們感到痛苦或不易看見的滿身瘡痍的陰影孩子，而在當媽媽的嚴酷考驗中，我們很可能會遇到這個孩子。這個童話故事告訴我們，要想擁有生命的話，我們必須要能夠愛這個孩子。而第二個妻子太認同她的人格面具——她精緻昂貴的衣服——以至於她無法接受這個滿身瘡痍的孩子，她擔心別人會怎麼想，而結果是精神死亡和無法生育。第二個妻子並不明白，要想有繁殖力和生育能力，她必須向那些令人反感和厭惡的（同時也是被否認的）東西敞開心扉。

煉金術的目標是製作出難以捉摸的、神奇的物質，有時被稱為「賢者之石」。煉金術士說，這種最珍貴的東西是在「令人厭惡的污穢」、「被丟在糞堆」中被發現的。5 所以，在被詛咒的陰影物質中其實蘊藏著巨大的寶藏。而第一個妻子就像煉金術士一樣，欣然接受了蛇和尿尿的老鼠，所以它們得以轉化，並哺育了籃子裡的嬰兒。

蛇的智慧

蛇是一種非常複雜多變的象徵。由於在這篇故事中，蛇將自己變成了渾身瘡痍的孩子，因此我們知道它與故事中的孩子有關。在某些文化中，蛇被認為與生育、性慾，特別是懷孕有關。義大利童話故事《比安卡貝拉與蛇》的開頭是一位無法懷孕的王后在花園裡打盹時，一條小草蛇爬到她的衣服裡，鑽進她的身體，並在她的子宮裡休息，於是她才能夠懷孕。蛇的出現從這個意義上來看，似乎在說如果妳不去接觸蛇所代表的本能，妳就無法孕育新的生命。當然，受孕需要一個人在性上面是活躍的。在《兩個女人的故事》中，第二個妻子似乎就寧願不為這些骯髒、肉慾的東西費心費力，她並不想了解性慾和本能的蛇，她寧願不要被這種能量穿透。

寧願避開陰影面的人沒有認知到，新生命需要我們沉浸在陰暗、肉體的事物中，弄得渾身髒污。因為生命中本能的面向是受到防衛的，所以它們顯得很有威脅性。蛇也與較低層次的心靈有關，也就是神祕的身體經驗領域。當我們懷孕時，身體便開始了一項編織新生命的神奇任務，這個奇妙的事件發生在身體內，卻遠離我們的意識。這是由深不可測的自律神經系統引導的過程，身體在沒有任何意識參與的情況下繼續創造這個生命，具有原始的蛇的智慧，是令人敬畏的、神祕的，並且與有意識的生命全然不同。某些人在懷孕時可能很難信任這個過程。

故事中的第一條蛇在受到歡迎和喜愛時，變成了一顆枕頭。榮格說無意識「映照著我們面向它的臉龐。敵意會使它具有威脅性，友善則會軟化它的面貌。」[6] 如果我們防衛和斥責陰影，那麼反映給我們的事物會是可怕的、噁心的、看似一文不值的。如果我們以開放的好奇心接近無意識，會發現它是個有用的朋友。枕頭能讓人感到舒適，也與我們最私密的想法和祕密（我們私密的內在生命）有關，是我們安睡和做夢的所在。當受到歡迎時，這條蛇會從令人恐懼的和具潛在威脅性的，轉化為具支持性的和令人感到舒適的事物，尤其是在我們內在生命的面向。

有位女性在第三度懷孕的最後幾天做了以下這個與上述主題相關的夢。

我在醫院裡，有位護士進來把孩子放在我懷裡。那裡有座浴缸，我將會在那座浴缸裡分娩，裡面的水很乾淨。突然，我們看到一條蛇在浴缸裡游動。一開始它是平坦和透明的，但很快牠就變得堅硬捲曲。我覺得這很有意思，因為我將牠比作嬰兒在我子宮裡動來動去的樣子。但其他人很害怕，想要殺了那條蛇。我平靜而無畏地告訴他們牠會消失，也不會傷害任何人。7

做夢的女性正確地憑直覺知道對蛇採取敵對的態度是不必要的，必須冷靜地、無所畏懼地面對牠。就像上面的童話故事一樣，蛇與孩子是有關聯的。分娩就在水中發生，夢者暗示子宮內胎兒的動作就像蛇一樣。有趣的是，在做了這場夢的幾週後，做夢的女性進行了剖腹產，結果發現臍帶在嬰兒的脖子上纏繞了兩圈，但嬰兒安然無恙地出生了。

在《比安卡貝拉與蛇》的故事中，無法懷孕的王后在一條小蛇進入她的體內後，終於懷了女嬰，嬰兒出生時草蛇在她的脖子上纏繞了三圈。在這則故事中，協助王后生產的人害怕得不得了，但蛇僅輕輕地從嬰兒脖子上鬆開，滑進了花園，而助產士隨後注意到嬰兒的脖子上戴著一條漂亮的金項鍊。就像臍帶一樣，蛇既是所有營養和生命的給予者，也是窒息和死亡的潛在原因，蛇與新生命的創造、死亡、生死循環以及重生都有所關聯。為了獲得生命的力量，我們作為母親必須接觸蛇的能量——這與原始的創造——毀滅循環有關。這篇童話告訴我們，要想迎接生命，必須願意迎接死亡。

接納孩子與自己

在《兩個女人的故事》中，老婦人分別給了兩位妻子渾身長滿瘡的孩子和治瘡藥。同樣地，我們的心靈也有傷口，也有治癒這些傷口的藥膏。當我們能滋養自己內在充滿傷痛的孩子，並允許她轉化時，我們也就為滋養另一個孩子做好了準備，因為我們真正的、外在的孩子也會有瘡傷。用一種緊密相連的方式去愛孩子，而非使用他們來調節我們的自戀需求，這會需要我們深刻地接納他們和我們自己的瘡傷。接納孩子也為我們提供了更充分接納自己的機會，接納孩子身上的凌亂、野蠻和不討喜的部分，也就是在接納妳自己心靈中那些可能從未得到過愛或接納的髒亂小孩。

凱西（Cassie）因為想處理日益加重的憂鬱情緒來找我治療。她是位高挑勻稱、優雅美麗的女性，她的穿著無可挑剔，向世界呈現出洗鍊、精緻的人格面具。她在時尚產業擔任高級主管，因此她對自己外表的關注在她的職業生涯中很有幫助。凱西一直在事業上很有抱負，也很成功。她的大女兒也同樣漂亮時髦，似乎也在追隨她的腳步，即將進入一所名牌大學。然而，凱西很擔心她的小女兒海倫娜（Helena），凱西第一次聯繫我時，海倫娜還在上中學。

凱西解釋海倫娜總是很按照自己的調性行事，小時候當家裡其他人喜歡外向的活動時，她寧願在房間裡自己玩洋娃娃。大女兒從小就對漂亮衣服很感興趣，而海倫娜卻總是對外表不以為意。隨著海倫娜進入青春期，她的體重開始增加。凱西迅速採取行動來幫助海倫娜保持身材苗條，但海倫娜拒絕了她的努力。大約在這個時候，凱西開始注意到自己經常昏昏欲睡和掉眼淚。

凱西第一次來見我時，非常不安地注意到自己其實不僅是關心海倫娜的健康——還為她感到羞恥。她一開始聯繫我是因為去學校參加了一個母女活動，她驚恐地注意到，看見海倫娜那些更瘦、更有成就的同儕，她對自己的女兒感到惱怒甚至厭惡。我告訴凱西，我接納她對女兒那些令她自己不可置信的想法，並建議我們可以對這些想法抱著好奇心。

當凱西和我開始探索她那因為海倫娜的體重逐漸增加而開始出現的憂鬱症時，她青春期的記憶浮出水面。她也曾經像海倫娜一樣內向，但她的家人一直嚴厲批評這種性格。凱西的父親是個鐵腕暴君，他要求凱西遵守他嚴苛的規則，例如禁止白天獨自待在她的房間裡。她回憶說，她小時候一直很胖，父親也因此批評過她。她青春期時體重明顯增加，全家人都關切地對這件事指手畫腳。也是大約在這個時候，父親突然離開了，他的突然消失使家裡陷入財務困境，對每個人都造成了創傷。

凱西回憶她的生活可以被劃分為她父親消失「之前」和「之後」。父親離開後，她不得不成為一個自力更生的小大人，她成為一個追求完美的學生，並在班上名列前茅。她懷著宗教般的熱情開始節食和鍛練。凱西和我意識到，這些行為是為了抵抗她無法忍受的脆弱和無助感的適應行為。事實證明，這些適應行為有助於她應付混亂的青春期，並且在成年期繼續發揮作用，她迷人的人格面具與成就導向讓她在工作中表現出色。然而，這些策略需要她埋葬和遺忘那個喜歡迷失在幻想中的胖胖小女孩。她的這部分陰影一直與意識隔絕，直到海倫娜進入青春期。

我們一起注意到，凱西的憂鬱症狀始於海倫娜十三歲時，而那正是她父親離開時凱西的年齡。凱西開始明白，她有時對海倫娜產生的強烈負面情緒，實際上是因為她把陰影自我投射到了孩子身上，海倫娜於是成為了童話中第二個妻子想要拒絕的滿身瘡痍的孩子。凱西的態度開始軟化為同理，這是為了海倫娜，但更重要的也是為了那個在她父親離開時，不得不埋葬到地下的青春期自我。

凱西開始能感到悲痛，那是她在童年突然結束時所無法感受到的。隨著時間過去，凱西的憂鬱症狀減輕了，她對海倫娜體重的擔憂也減輕了。沒有了母親對她體重和身材的過分關注，海倫娜可以或多或少地調節自己的體重。我注意到凱西在外表和儀容上放鬆了，她依舊優雅迷人，只是穿著風格變得更加隨性、不那麼拘謹了。有一天，她向我坦承說，她很享受週末下午一個人在臥室裡看書——這是她多年來不曾讓自己做的事情。就好像她在女兒身上重新認識了自己的陰影一樣，現在她能夠完全擁抱這些以前被自己拒絕的部分自我，並創造出新的通道好讓她的生命能量得以流動。

凱西一直不好意思承認她覺得她女兒很丟臉，但仍向我透露這些感受，這於是開啟了接納她自己和孩子的歷程。在養育孩子的過程中，我們肯定會有覺得失望、羞愧、甚至厭惡的時候，當這些感覺特別強烈或難以忍受時，我們可以肯定這些反應中的某些「熱度」，來自於我們將自己最討厭的面向投射到了孩子身上。儘管這很不舒服（如果我們不做自己生命的功課，這可能會成為孩子一生的負擔），但這種感覺可以幫助我們打開那些因為某種原因而不得不分裂出去的自我。若能夠面對它們並理解它們真的是屬於我們的，那麼孩子原來可能要為我們背負的可恥的、被唾棄的陰影，將能夠成為偉大的老師。

針對與黑暗相會，可以反思……

1. 妳的孩子最讓妳發火的是什麼？最讓妳覺得丟臉的是什麼？如果妳對這些特質過度反應，那麼這可能是投射出去的陰影特質。妳會怎麼理解這件事？
2. 有生育藥的婦人劈頭第一句話就問第一個妻子，是否願意清理穢物、小便和嘔吐物。在接納成為母親之前，妳是否必須克服哪些嚴重的懷疑或擔憂呢？如果是這樣，那是什麼感覺呢？

3. 在《兩個女人的故事》中，懷孕的過程包括要歡迎蛇和老鼠。通常，懷孕會讓我們接觸到以前可能沒花太多時間思考的身體面向，我們會以新的方式意識身體，而這意味著要克服我們對身體歷程感到的厭惡或噁心。如果妳生過孩子，妳懷孕的經驗是怎樣的呢？什麼東西是妳必須接受，否則會讓妳在身體或心理上感到厭惡或驚慌？

4. 有時候，當我們先在孩子身上認出那些覺得可恥的部分，我們會比較容易善待它。妳的孩子何時會表現出讓妳覺得丟臉，但妳卻仍能以關愛與他連結的特質呢？

5. 適當的照顧滿身瘡傷的孩子，對故事中的幸福結局顯然至關重要。妳滿身瘡傷的孩子——被妳隱藏起來的、覺得丟臉的部分——在哪裡？妳最近用什麼方式善待、安撫、用藥物治療自己的這個部分？

6. 第二個妻子太在意自己美麗的衣裳，而無法接受蛇、老鼠或生瘡的孩子。我們都有無法對長瘡的內在孩子敞開心扉的時候，對某些人來說尤其困難。妳最近用了哪些嚴厲的方式，彷彿用破布遮掉醜孩子的臉一般，對待自己的這個部分呢？

7. 第二個妻子對那個渾身長瘡的孩子很反感。不可避免地，孩子會做出讓我們覺得尷尬、丟臉甚至鄙棄的事情。妳最近什麼時候對孩子的言行感到羞恥或厭惡呢？妳對此又是如何回應？

8. 妳對自己的哪些部分感到特別羞恥呢？妳分裂掉了什麼？

---

1. 原註：卡爾・榮格。《榮格自傳：回憶・夢・省思》。劉國彬、楊德友譯。（台北：張老師文化）。二〇一四年。第247頁。
2. 原註：C. G. Jung, *The Collected Works of C.G. Jung*, vol. 16, *The Practice of Psychotherapy: Essays on the Psychology of the Transference and Other Subjects*, trans. R. F. C. Hull (Princeton, NJ: Princeton University Press, 1970), para. 470.
3. 原註：Nancy J. Dougherty and Jacqueline J. West, *The Matrix and Meaning of Character: An Archetypal and Developmental Approach* (London: Routledge, 2007), 57.
4. 原註：《凡夫俗子》，由勞勃・瑞福（Robert Redford）執導。
5. 原註：卡爾・榮格，《榮格全集》，第12卷。心理學與煉金術。赫爾（R. F. C. Hull）譯。第 2 版。（新澤西州普林斯頓：普林斯頓大學出版社，一九六八年）。第421、454段。
6. 原註：卡爾・榮格，《榮格全集》，第29段。
7. 原註：Regina Abt, Vivienne MacKrell, and Irmgard Bosch, *Dream Child: Creation and New Life in Dreams of Pregnant Women* (Einseindeln, Switzerland: Daimon Verlag, 2000), 169.

第五章

重視黑暗

陰影是一條狹窄的通道，一扇狹窄的門，
凡是進入到深井裡的人都無法倖免於痛苦的壓迫感。

——卡爾・榮格，《榮格全集》第9卷

當置身井底，我們將受到考驗。當媽媽的過程中，妳可能會遇見令自己驚訝的自身面向。此時孩子可以成為妳的老師，引導妳與自己被遺忘或否認的部分建立關係。在自我（ego）和人格面具（persona）發展的過程中，被埋葬或隱藏的絕大部分是本能、能力和特質，但出於某些原因不被我們接受。這些面向具有巨大能量，而且日後可能成為我們潛在的修復來源。榮格將這些特質稱為積極的陰影——我們內心深處逐漸被遺忘的潛能。有時候，孩子為我們背負的是我們自己有價值的部分，我們卻因為種種原因無法擁有它。那麼作為母親若發現孩子活出了這些特質，可能會有一連串反應。如果這些特質對我們來說太無意識，並因此具威脅性，那麼我們可能很難容忍孩子的這些部分，可能會嫉妒孩子活出我們被迫否認的性格面向。或者，我們可以透過先在孩子身上看見這些特質，來與它們建立關係。

妳的孩子可能會為妳保留一些仍在妳陰影之中的特質，例如果斷、自由奔放、愉悅的性慾或創造力。如果妳不被允許活出這些特質，妳可能會誓言要讓孩子活出它們。在我們覺得自己有資格擁有這些特質之前，可以先讓孩子擁有這些特質，為我們未來可能的性格改變鋪路。

是什麼進入了地底

我的個案塞琳娜（Selene）小時候是個聰明、活潑的孩子，但她受到母親長期的情感和身體虐待。塞琳娜成年的女兒凱蒂（Katie）身上有一些潛能，塞琳娜從不認為自己也有這一面。「凱蒂不像她哥哥那樣總是很隨和，」塞琳娜說。「她的個性真的很強烈！凱蒂是優化版本的我，如果我有個像樣的母親，我就會是她那個模樣。她一出現就讓人眼前一亮，而且她從不接受任何人的指使擺佈，她可以為自己挺身而出，她很外向，有很多朋友。」

小時候，為了減輕母親的憤怒並乞求愛和認同，塞琳娜被迫聽話，把她天生的好勝心隱藏起來。她常因為在學校愛講話而惹上麻煩。大約十一歲的時候，她「進入了禁閉期」，變得沉默寡言。活潑的孩子走進了陰影，同時也帶走那個會說：「嘿！看我看我！」的自然、健康的自戀。塞琳娜流淚承認，雖然她很高興自己的女兒是一個美麗、自信的年輕女子，但看到凱蒂擁有她曾可能擁有但卻從未擁有的東西，她覺得悲喜參半。

塞琳娜開始努力與這個充滿活力的自我重新連結。在外在現實生活中，她正在嘗試建立新的關係，在新關係中她的幽默和活潑可以得到欣賞，而非攔阻。然而，這些新關係也充滿了恐懼。當塞琳娜覺得自信、充滿魅力，或可以察覺正面的關注時，來自母親內化的破壞性聲音就干擾她，威脅要懲罰她的厚顏無恥。認領回這些被放逐至陰影的正面特質，感覺是危險和不正當的。

當塞琳娜帶來一個讓她非常不安的夢時，這點就變得很清楚了。

> 我對女兒說我要和她發生性關係。門被某個人打開，而我一絲不掛。我們四處打滾，但沒有感覺。我做不到，這是錯誤的事情。而凱蒂只是順從著，試著讓一切順利進行。她不想這麼做，但她又不說。

我理解這個夢象徵性地顯示塞琳娜的一部分正在試圖整合她女兒身上的陰影特質，而在此之前，這些特質是危險的和禁忌的。夢中的自我想要與女兒進行親密接觸，但又無法這麼做，因為這似乎是錯誤的。當塞琳娜帶來這個夢境時，亂倫的主題讓她十分不安。當我與她分享我對這個夢心理學式的理解時，她似乎只稍微放鬆了一點。與女兒性交的意象鮮明地表達了她想得到女兒身上正面陰影特質的渴望，以及認領回這些特質令人感覺多麼禁忌和危險。當孩子活出我們當初不得不否認掉的正向潛能時，我們與他們的關係就會有很高的情緒強度。

兩週後，塞琳娜做了第二個關於凱蒂的夢，這似乎證實了我們對第一個夢所做的工作是有效的，並進一步發展了這個主題。

我在戶外一片遼闊的草地上，草地上擺著一張長桌，擺放的方式沒有特別的規則，但桌子上擺滿了食物。每張桌上似乎都有不同種類的食物——熟食、墨西哥菜、希臘菜。我在這些被人團團圍住的桌子外面轉來轉去，我的盤子是空的，我想要一些食物，但我進不去。更準確地說，沒有人要讓我進去，我也沒有問。

我繼續在外面轉來轉去，然後，在我所在位置的右側，有一群年輕人從天而降，落在地上一個鋪著墊子的指定區域。我問別人他們是誰，我被告知他們是FBI實習生，而凱蒂是其中一位。我們都在看著「實習生」進行各種體育訓練，展示著他們驚人的耐力和體能。他們又做了些其他事情，然後從我們身邊經過，就好像在參加畢業典禮一樣。凱蒂和其他人從我身邊經過，他們面帶微笑看著前方，有點像是暗地裡自豪。當他們經過我身邊時，凱蒂轉過頭來看著我，簡直就像我在看鏡子裡的自己一樣。我盯著自己的臉，非常震驚，然後就醒了。

塞琳娜將FBI描述為一個精英團體，「精英中的精英」。她說他們經常做壞事，但這是為了做好事。她的陰影女兒凱蒂能夠利用她驚人的體能和耐力，來完成最終有利於完整和成長的事情，即使這意味著要表現得「壞」。相比之下，夢中的自我則無法運用足夠的自信能量去佔據餐桌上的任何空間。但在夢的最後，她在女兒堅強、英勇的形象中認出了自己。當孩子為我們背負正面陰影特質時，我們就有機會認識並接受我們從前被唾棄的面向，而這些面向或許可以讓我們復活和再生。挪威童話《破兜帽》（Tatterhood）完美地詮釋了正向陰影的恩賜。

破兜帽

從前從前，有一對國王和王后沒有孩子，這讓王后很傷心。最後，國王和王后收留了一個年輕的女孩當作自己的孩子來撫養。有一天，女孩在宮殿的院子裡玩起金蘋果，一個乞丐帶著她的孩子走了過來。很快地，王后的養女和乞丐女孩一起玩了起來，兩人互相拋擲著金蘋果。

王后走過去趕走這個乞丐女孩，但那孩子卻站在那裡說：「妳要是知道我母親的厲害，就不會把我打發走的。」當王后問她是什麼意思時，女孩告訴她，如果她願意，她母親可以幫她得到孩子。於是王后派女孩去找來她的母親。

「妳女兒說妳可以幫我生育。」老婦人才剛進屋，王后就對她這麼說道。

「我或許知道有一種方法可以幫助妳，」乞丐妻子說。「陛下，在妳某天晚上睡覺前，一定要帶兩桶水。在這兩桶水中沐浴，然後把水潑到床底下。第二天早上，妳會看到床底下長出兩朵花，一朵美麗的花和一朵醜陋的花。妳必須吃漂亮的那朵，但妳必須讓醜陋的那朵花留在那裡。請注意不要忘記最後一點。」乞丐妻子是這麼說的。

王后按照乞丐妻子的建議做了。她讓人把水裝在兩個桶子裡提上來，在兩個桶子裡沐浴，再把水倒在床底下。瞧，第二天早上她往床底下看的時候，真有兩朵花。一朵又醜又臭，葉子是黑色的；另一朵是那麼的鮮豔、美麗、可愛，她從來沒有見過這樣的東西，所以她立刻就把它吃掉了。但這朵漂亮的花嘗起來太甜了，她忍不住又吃掉了另外一朵，因為她想：「我敢肯定，這無論如何不會有太大的好處和壞處。」

果然，過了一會兒，王后就準備生產了。她先是生了一個女孩，女孩手裡拿著一個木勺，騎著一隻山羊，她醜陋又惹人厭，才剛誕生到這個世上，她就大喊著：「媽媽！」

「如果我是妳媽媽，」王后說，「願上帝賜予我恩典，讓我改過自新。」

「哦，不用難過，」騎在山羊身上的女孩說，「因為很快就會有一個比我好看的來了。」

於是，過了一會兒，王后又生了一個女孩，她非常漂亮和甜美，從來沒有人看過這麼可愛的孩子，王后非常高興。他們稱雙胞胎姊姊為「破兜帽」，因為她總是那麼醜又衣衫襤褸，她的耳朵上還掛著一條破爛的兜帽。王后幾乎不忍看她一眼，護士們則想把她一個人關在房間裡，但是都沒有用。雙胞胎妹妹在哪裡，她也一定在哪裡，沒有人能把她們分開。

在某個聖誕夜，當她們都快成年的時候，王后臥室外的走廊上傳來了可怕的噪音和撞擊聲。破兜帽問是什麼東西在走廊上發出那麼大的聲響。

「哦，」王后說，「這沒什麼好問的。」

但破兜帽不把事情弄清楚就不罷休，王后只好告訴她，是一群巨人和女巫要來這裡慶祝聖誕節。破兜帽說她會出去把他們趕走，並吩咐王后留心，要把所有的門都關上，連半開都不可以。說完，她拿著木勺就走了，開始搜尋並趕走入侵者。但不知什麼原因，果真有一扇門半開著，雙胞胎妹妹偷偷往外看破兜帽在做什麼。突然間——砰！來了一個老巫婆，把妹妹的頭擰了下來，並把一個小牛的頭粘在妹妹的肩膀上。公主四肢著地跑回房間，開始像小牛一樣哞哞叫。破兜帽回來看到妹妹這副模樣，怒不可遏，因為宮裡的人沒有好好看守她。

「但我還是要試著去救她！」她說。

她向國王要到一艘裝備齊全、補給充足的船，但她解釋說她不需要船長或水手。她會自己帶著妹妹獨自遠航。

破兜帽航行到女巫居住的地方，她叫妹妹留在船上，自己騎著山羊去女巫的城堡。她到達時，發現迴廊的一扇窗戶是開著的，她看到妹妹的頭掛在窗框上。她騎著山羊從窗戶跳進迴廊，抓起那顆頭就往回跑。女巫們追了上來，卻被破兜帽用她的木勺狠狠擊退，女巫只好放棄追趕。破兜帽回到船上，從妹妹身上取下小牛的頭，重新幫她裝上她自己的頭，於是她又像從前一樣變成了一個女孩。之後，她們又航行了很長很長的一段旅程，來到一個陌生的王國。那王國的國王是鰥夫，他有位獨生子。當他看到陌生的船帆時，便派使者下來查明船隻的主人。國王的手下來到船邊，他們只看到破兜帽騎著她的山羊在甲板上飛快地轉圈圈。他們對這景象感到驚奇，問她船上是否還有其他人。「我有一個妹妹，」破兜帽回答。「但除了國王，誰也不能見她。」

國王聽到這個奇怪的故事，便立刻去看這個騎在山羊上的女孩。當他抵達時，破兜帽帶她的妹妹出來，她是如此的溫柔美麗，國王立刻愛上了她。他把她們倆都帶回了王宮，想讓妹妹做他的王后，但破兜帽卻說，除非國王的兒子娶她，否則國王不能娶她妹妹。因為破兜帽是如此醜陋和野蠻，王子非常不情願，儘管國王感到非常為難，但他最終還是妥協了。

很快地，結婚的日子到來了。首先，國王帶著他的新娘駕車穿過小鎮，她是如此的可愛，以至於所有的人都停下來看她。之後，王子騎在馬背上，跟在破兜帽身邊，破兜帽手裡拿著木勺，騎著山羊小跑步著。王子的表情，與其說是參加婚禮，倒不如說像是去參加喪禮。他很難過，一句話也不說。

「你為什麼不說話？」當他們騎了一陣子後，破兜帽問。「為什麼，我該說什麼？」王子回答。

「好吧，你至少可以問我為什麼要騎這隻醜山羊，」破兜帽說。

「那妳為什麼騎那隻醜山羊？」王子問道。

「這是一隻醜山羊嗎？這是新娘騎過最壯麗的馬，」破兜帽回答。就這樣，山羊變成了一匹馬，王子從未見過這麼漂亮的馬匹。

然後他們又騎了一會兒，但王子還是像之前一樣悲傷，一句話也不說。於是破兜帽又問他為什麼不說話，當王子回答說他不知道該說什麼時，她說：「你至少可以問我為什麼手裡拿著這個難看的勺子騎馬。」

「那妳為什麼拿著那個難看的勺子騎馬？」王子問道。

「這是個難看的勺子嗎？這是新娘佩戴過最可愛的銀色魔杖，」破兜帽這麼說，就這樣，勺子變成了一根耀眼奪目的銀色魔杖，陽光在杖身上閃耀著光芒。

於是他們又騎了一段，但王子同樣悲傷，一句話也不說。過了一會兒，破兜帽又問他為什麼不說話，吩咐王子問她為什麼頭上要戴著那條醜陋的灰色頭巾。

「那妳為什麼要在頭上戴那個醜陋的灰色頭巾？」王子問道。

「這是醜陋的頭巾嗎？這是新娘戴過最閃亮的金色王冠。」破兜帽這麼回答道，頭巾當場就變成了王冠。

他們騎了半天，王子依舊悲傷，一聲不吭。於是他的新娘又問他為什麼不說話，讓他現在問她為什麼她的臉這麼醜。

「啊！」王子問：「那妳的臉為什麼這麼醜呢？」

「我醜嗎？」破兜帽說。「你說我妹妹漂亮，我比她漂亮十倍。」當王子看向她時，發現她十分可愛，他覺得世界上從來沒有這麼可愛的女人。於是，兩人歡天喜地地喝掉了他們的交杯酒。如果你現在趕快跑到國王的宮殿裡去，我敢說你會發現還有剩下的一滴喜酒呢。

這個故事從一對沒有孩子的王室夫婦開始。故事的主軸立基於沒有生育力、不能從中產生新生命的主題之上。故事中陌生的小女孩和她的乞丐朋友為雙胞胎埋下了伏筆。儘管陌生的小女孩玩著一個金蘋果（也許是生育、不朽或完整的象徵），但現狀並沒有改變，直到乞丐女孩進入了故事之中，兩個女孩才互相拋擲著蘋果。

對成長的承諾

在童話故事或夢境中，雙重（doubling）可能指的是有某些東西越來越接近有意識的整合。在這個故事中，有兩組雙胞胎女孩。故事中的王后似乎確實在為實現某些目標而苦苦掙扎，她收養了這個「陌生的女孩」，這樣她就可以有當媽媽的經驗。當她聽到這乞丐婦人可以幫助她懷孕時，她便不顧禮節與她交談。

我在有懷孕困難的病人或朋友身上見過這種堅定不移的獻身，和由此而生的意志力，讓她們能夠跨越集體的陳規舊習，完全投入、不惜一切代價要成為一位母親。許多懷孕困難的女性會因為渴望有孩子而使出渾身解術，包括人工受孕或收養。雖然她們一心一意的追求有時會引起朋友或社會的批判，但她是滿懷激情和承諾地在遵循內心的指令。

同樣地，有些患者也對自己的個體化旅程表現出這般的全心投入。他們忠實記錄自己的夢，一週又一週地來，儘管這過程很艱難，而且常常很痛苦。王后想要孩子，甚至願意違反陳規得到孩子。我們已經從這點看到這位王后有可能向黑暗面保持開放的態度，她並沒有那麼受她王后的人格面具所束縛，所以她願意和那個乞丐婦人說話。就像前一章探討的西非童話一樣，他們先收養孩子，然後才懷孕。這似乎在現實中經常發生，正如以下引用自一份醫學期刊所指出的那樣。

似乎有一種長期存在的近乎神話的信念，也就是收養或者甚至決定收養可以提高不孕婦女的受孕能力。許多不孕婦女表示她們打算收養孩子，以便能夠懷孕。一位病人甚至向筆者進行了專業諮詢，她認為她的不孕期在她的寵物狗生了一窩小狗後就結束了！1

收養的英文 Adopt 一詞來自拉丁語，意思是「為自己選擇」，意指對某事做出非常嚴肅甚至神聖的承諾。實際上的收養是永久並具有約束力的。收養與受孕有很大的不同，因為它必須是有意識的選擇。當然，一個女人可以在不打算或甚至不想成為母親的情況下懷孕；另一方面，養母通常不得不為生孩子而努力。

王后收養了乞丐小孩，意味著故事中有兩組「雙胞胎」女孩。雙胞胎女孩的雙重主題也有助於強調不可能只有一個、卻沒有另一個。哪裡有光明和美麗，哪裡就有陰影，我們需要用黑暗來平衡光明。正如這篇故事生動地指出的，正是在光明和陰影間充分的對立之中，新的事物才能誕生。陌生的女孩和衣衫襤褸的乞丐小孩兩人拋擲金蘋果的意象，是一種動態地保持對立張力的意象。正是當王后看到時，她輕敲窗戶，讓孩子們到她身邊來。透過這個行動，這對王室夫婦的不孕就結束了。

新生來自黑暗

被意識人格所否認並被丟進陰影的東西往往是新生的關鍵。在這裡，知道生育祕密的是乞丐婦人，王后必須用兩桶水沐浴，然後把髒水倒在床底下。這個故事再次強調，新生命源自於我們所排斥的東西——在這個例子中，是我們用來清洗身體污垢的水。

床與夜晚、性慾和無意識有關，而床底下通常是黑暗且塵土飛揚的地方，任何在那裡的東西會被隱藏或存放起來。王后再次面對著以醜陋的花朵形式出現的陰影元素。就像對乞丐女孩和她母親一樣，王后表現出了矛盾的心態，最初的反應是厭惡或不認同，但隨後她對陰影可能可以提供的東西保持開放的態度。她毫不猶豫地以吞下那朵黑色的花的形式迎接了陰影。當身為母親的我們對生的陰暗面保持開放時，會發現新生和新潛能將在意想不到的地方出現。

面對陰影以孕育新生是童話故事中常見的主題。在《比安卡貝拉與蛇》（*Biancabella and the Snake*）的故事中，直到蛇進入王后的子宮，受孕這件事才發生。當長髮公主的母親懷上渴望已久的孩子時，她被捲入了與女巫的黑暗契約中，而女巫的花園裡種植著維持生命的藥草。德國童話《黑公主》（*The Black Princess*）的故事也是從一對沒有孩子的國王與王后開始的。

膝下無子的王后殷切地想要一個孩子。鎮上有一條穿越小鎮的河流，有一座橋橫跨其上。橋的右側是一座十字架，而左側是一座路西法的石像。……王后經常去橋邊哭著祈求基督給她一個孩子，但過了一段時間後，她對這麼做卻始終沒有結果感到疲憊，所以她決定轉向魔鬼。三個月後，她發現自己懷孕了。2

在這篇故事中，新生命也來自黑暗面，但在這裡，對立面之間的分裂要極端得多了，陰影離意識更遠，它的角色也更原型化，因為它是以路西法展現，而不是乞丐婦女。正如我們可能所預料的那樣，在《黑公主》的故事中，對陰影的救贖比我們在挪威童話故事中看到的更加困難和血腥。以下這位懷孕八週女性的夢說明了陰影的生殖功能。

我在地鐵的下層，有位年輕的黑人女性給了我一顆鑽石，我把它塞進口袋深處，不想讓別人知道，因為擔心它會被偷走。當我抵達上層時，我就感到比較安全了。3

做夢的人將鑽石與她的懷孕連結在一起。對於美國白人來說，夢到某些有價值但以前沒有被認可的東西，且這東西與夢中的非裔美國人形象有所連結，像這樣的夢並不罕見。在美國，非裔美國人長期以來一直背負著我們的文化陰影，也經常成為白人文化的代罪羔羊。這位夢者從黑暗地下世界的一位神祕黝暗的女性那裡得到了一件珍貴的寶物。從心理的角度上來說，新生命不能僅僅來自人格的意識層面，這是我們在當媽媽時要學到的一課。

如果妳已經習慣按照集體的要求生活，那麼成為母親會需要一種新的態度，需要對自己以前可能被貶抑的部分保持開放。實際上，目前女性生育問題的增加，至少與我們以片面的態度對待文化中通常被視為陰影的部分有關。當女性選擇延遲生育以追求職業或教育目標時，她可能認為自己的生育能力是理所當然的，以為生育能力會在她需要時出現。在許多情況下，女性若承認她可能想要孩子，會被認為是令人尷尬的天真。心理學家暨作家黛芬妮·德·馬妮菲（Daphne de Marneffe）寫道，在我們的文化中，母職和慾望通常不屬於同一個句子。[4]要像童話故事中的王后那樣，承認我們渴望一個孩子，就是要失去我們某部分的自傲，向被低估的本能智慧敞開心扉。此外，正如王后將自己交到乞丐婦女手中的謙卑一樣，當我們承認渴望懷孕時，自我也會變得謙卑，因為我們承認了對某種不受意識控制的事物的熱情渴望，我們也必須信任我們身體不可知的運作方式。

回憶錄作家凱瑟琳·利納德·索珀（Kathryn Lynard Soper）描述了她的「嬰兒飢餓感」是如何從她內心深處湧現出來的，而這某種程度上，與她想在學術世界功成名就的自我驅動（ego-driven）期望互相矛盾。

當里德（Reed）和我訂婚時，我們討論過幾年後，在我獲得夢寐以求的博士學位後要生幾個孩子。也許到那時候我就會真的想當媽媽了。

但那是在我第一次見到新生兒之前。

結婚後，我和里德住在楊百翰大學附近的一間地下室公寓裡，隔壁是我們的朋友路易斯（Luis）和伊娃（Eva）。在八月某個炎熱的早晨，他們帶著第一個孩子回家了。當伊娃應了我的敲門聲打開大門時，她的眼睛有著黑眼圈，頭髮扁塌，身材變得鬆垮。但她微笑著，迅速而肯定地往後看了一眼。在她身後，我看見一條粉紅色的毯子鋪在破舊的棕色地毯上，一個小嬰兒在毯子上睡著了。隨著我的步伐往前走，逐漸看清的景象是：血、肉和骨頭，小得不可思議，居然還是活生生的。

我坐在毯子邊上，伊娃輕手輕腳地跟隨在後，似乎因為生完孩子還渾身痠痛著。我們看著嬰兒的胸口微微地起伏著，看著她在睡夢中受驚時四肢短暫的抽搐，時間感覺都慢了下來。因為夏日的炎熱，她穿著輕薄的衣服，粉紅色的皮膚散發著光澤，充滿了整個房間，照亮了破舊的家具、泛黃的油氈和深色鑲板門上的黯淡。那光澤也觸動了我，讓我覺得天旋地轉……

在我結婚六個月後，我告訴我的高級顧問，我不需要她的推薦信了。我不打算讀研究所了——我要生孩子。她搖了搖頭，對我屈服於「文化壓力」而感到失望，因為摩門教通常期望年輕結婚夫妻要盡快生孩子。但她錯了，我對孩子意想不到的渴望並非來自外界的任何人或事。這是一種來自自己最深處、最真實部分的深刻、真實的渴望，並且我完全信任它。5

索珀對新生兒的第一次體驗是非常聖祕的。雖然她專注於學術成就，但她對孩子的渴望一直處於陰影之中。

陰影孩子

隨著故事的開展，當破兜帽大聲喊出「媽媽！」時，她立刻表現出對王后的認可。王后不承認破兜帽是她的孩子，但破兜帽知道王后是她的母親。當某些包含陰影的事物第一次被意識到時，它可能會顯得陌生，甚至怪異，我們可能會不願意承認這種家族相似性。而當我們的孩子背負著這種陰影特質時，我們就更難否認它，因為我們不能否認孩子是我們的。這可能會讓人不太舒服，因為這樣就更難透過分裂來阻擋我們明白自己的這個部分。我們可能不得不去想，這些令人反感的特質不一定是「別人的」。

當我們有不只一個孩子時，總是會有分裂的心理誘惑——將某些特質投射給某個孩子，將某些其他特質投射給另一個孩子。在極端的情況下，這可能會看起來像童話故事，有一個光明的孩子和一個陰影的孩子。英國精神分析學家羅澤西卡．帕克（Rozsika Parker）在她的書《撕裂》（*Torn in Two*）[6]中詳細描述了一個名叫梅芙（Maeve）的女人和雙胞胎女兒的故事。「當她女兒出生時，」帕克寫道，「梅芙看著凱西（Cathy），心想，這是我家的一員，但她的女兒卡蘿（Carol）卻『完全像是個外星人』。」就像《破兜帽》中的王后一樣，將陰影投射到雙胞胎之一的經驗是自發性的，就發生在他們出生的那一刻。在進行以下摘錄的採訪時，梅芙的女孩們十歲了。

她覺得她可以和凱西交流，但卻無法和卡蘿這麼做。她和卡蘿很快就會陷入很深的敵意之中。有時她覺得卡蘿需要她，卻又感覺被卡蘿虐待。當卡蘿還是嬰兒時，如果在她喝完奶之前給她換尿布，她就會非常憤怒。事情必須按照她希望的順序完成。從這些描述中很容易聽出梅芙對她女兒的投射。她將成人的情緒和反應歸因於她的孩子，即使當卡蘿還只是個嬰兒。帕克接著記錄道，梅芙在凱西身上發現了許多她最看重的特質。凱西也和梅芙一樣容易感到憂鬱。

梅芙形容卡蘿專橫、輕率——也就是她強烈不願承認的她自己的這些面向。這就好像是一堆可惡的、被否定的特質被傳承下來了。她把自己所有脆弱的價值都放在了凱西身上，把所有與不可接受的憤怒和貪婪有關的都放在了卡蘿身上。她有意識到她與卡蘿都有憤怒的能量，但儘管有所覺察，梅芙仍無助地陷入相當對立的看法之中。就像上面的童話故事一樣，美麗的女兒與令人嚮往的特質連結在一起，但她也很脆弱，需要保護。而另一方面，卡蘿與許多令人反感的特質連結在一起，但她堅強且機智。就像破兜帽一樣，卡蘿也無所畏懼。

凱西在學習閱讀時，她從來不讀任何有巨人或女巫的書。舉例來說，她甚至無法打開《小紅帽》的故事書，梅芙幫她買了一個可愛版本的《水孩子》，但她覺得太嚇人了，所以我就把這本書給了卡蘿，卡蘿很喜歡這本書。她可以面不改色地看最恐怖的電影，邪惡的女巫對她來說一點都不可怕——她不會感到害怕。

或許卡蘿不需要害怕邪惡女巫，是因為她和破兜帽一樣是陰影孩子，所以女巫對她們來說有種親切感。卡蘿勇敢地接受可能會嚇壞她母親的事情，並且藉著這麼做，她以正面的方式活出了梅芙未活過的生活。如果梅芙願意讓卡蘿在這方面成為她的嚮導，她可能會可以與她的專橫、輕率、憤怒、貪婪和無畏建立起一種有意識的關係，並發現這些特質具有潛在的正面意義。若她能夠擁有某些她認為非常令人反感的能量，她可能會發現她就不需要那麼憂鬱了。

隨著破兜帽和她妹妹長大，王后對這個陰影元素的反應是矛盾的。她幾乎無法忍受看著她，並試圖將她關起來。用心理學的語言來說，我們很難去看自己的陰影，會想把自己那些被認為不可接受的部分隱藏起來。然而這是不可能的，妳不可能只有這個面向，而沒有另一個面向。破兜帽和她美麗的妹妹也是如此。雙胞胎中的一個在哪裡，另一個也會在那裡，沒有人可以把她們分開。

事實證明，王后很幸運能有這樣一個有野性的、精力充沛的陰影孩子。當女巫到來時，王后不僅不知道該怎麼做，並且還需要否認正在發生的事情。但破兜帽並沒有讓她的母親繼續否認下去，她強迫王后把事情講出來，而且知道該怎麼做。榮格分析師莫瑞·史丹（Murray Stein）將陰影比作一個國家的「祕密間諜組織」，這個組織「在國家元首不知情的情況下運作，因此允許他可以否認罪責。」7（這類似於在本章前面討論過的塞琳娜夢中的ＦＢＩ。）因此，破兜帽替高貴的王后辦了「骯髒事」（dirty work），騎著山羊趕走了女巫。通常，最知道要如何應對困境的就是我們的陰影面，就好像陰影站在我們身後，等到意識人格面臨嚴峻的挑戰時，它就會被需要。只有陰影才知道如何處理陰影般的事物，我們個性中的野性、未馴化的一面能夠獲得危機所需的本能知識。破兜帽要對抗的是女巫，我們已經從她騎山羊的事實中知道，她與這個地下世界的女性陰影元素有所連結。大家都知道，在中世紀，女巫的坐騎就是山羊。

變得更完整

在我的臨床工作中，瑪妮（Marnie）也是一位得到她「陰影孩子」幫助的母親。作為一名非常成功的律師，瑪妮從一開始就對她兒子寄予厚望，但他才不順從。「他從來都不是那種妳可以催促的孩子，」瑪妮若有所思地道。「而且他從來不在乎輸贏。」起初，瑪妮覺得這很難接受。她曾想像過她的孩子成為一名明星運動員和學生，但萊恩（Ryan）似乎總是按照他自己的步調行事。「他真的非常古怪！當我們在坐車時，他會跟他的腳丫子進行又長又搞笑的對話。」瑪妮回憶道。隨著年齡增長，萊恩開始對戲劇而非運動感興趣，他很會抓製造笑點的時機，而這讓他成為了高中的明星演員。瑪妮覺得萊恩一直是她重要的老師，幫助她重新找回在她原生家庭中不被重視的純真傻氣和創造力。

在故事的後半，破兜帽告訴國王除非王子也娶她為妻，不然他不能娶她的妹妹。陰影要求被接納和承認。而當陰影被接納和承認時，就可以看到它的真面目——「90%的純金」，根據榮格的說法，8提出正確的問題有助於轉化。當我們帶著好奇而非評判的態度去接近不被愛的自己，那可能是我們第一次重視自己的這些部分。投射消失了，之前看起來可恥卑微的東西可以顯露其真正的價值。

故事以一場雙重婚禮結束，這是一個成功完成轉化過程的意象。當正向陰影為我們保留很久以前在意識上失去連結的重要部分時，了解陰影可以指引我們與引導自我（guiding self）相遇。我們變得更加完整，也更接近於活出獨特的、個人的命運。讓自己接受這些被否定的特質可能很痛苦，但也會導致意識產生根本性的改變。我們可能會發現自己開始質疑長期以來認為理所當然的事物，比如價值觀、偏好和優勢。我們不再生活在適應父母和文化期望的過程裡為自己創造的謊言中，而是開始生活在我們不知何時在過程中遺失的真相中。

針對重視黑暗，可以反思……

1. 故事中的王后想要一個孩子，她對這個目標如此執著，甚至願意做一些不像王后的事情，比如吃掉黑色的花。妳是否曾經如此渴望某種東西，甚至願意做一些不符合妳性格的事情來得到它呢？結果發生了什麼事呢？

2. 破兜帽出生時，王后嚇壞了，想把她藏起來。妳曾經對自己的某個孩子有過這種感覺嗎？或者對妳自己的某些面向有這種感覺？妳性格中的哪些部分讓妳感到羞恥並想將它藏起來呢？

3. 當女巫們來到城堡時，破兜帽是那個知道如何應對的人。在哪些方面，妳的孩子可能比妳更懂得如何處理事情呢？那孩子的哪些特質是妳可能失去連結的部分？

4. 如果我們有不只一個孩子，那麼可能會有一個比較像我們，而另一個則擁有我們不具備的特質。妳有沒有發現妳跟某個孩子比跟另一個孩子相處得更融洽呢？妳的孩子中有人是「陰影孩子」嗎？如果是這樣，那麼他教會了妳什麼呢？

5. 破兜帽被視為是醜陋、古怪和不受歡迎的。妳生命中什麼時候有過這樣的感覺？有這種感覺是什麼樣子，妳又對此做了什麼呢？

6. 在故事的結尾，我們發現如果問對問題，破兜帽的真實本性就會散發光芒。若我們以正確的態度靠近陰影特質，我們通常會看到它們的珍貴。最近妳什麼時候開始欣賞自己或孩子身上某種妳曾經認為主要是負面的特質呢？

7. 孩子的哪些行為或特徵會引發妳厭惡、羞恥或不認同的情緒？妳能看到這些特質在某些情況下可能是很有價值的嗎？

1. 原註：Francois M. Mai, "Conception After Adoption: An Open Question," *Psychosomatic Medicine* 33, no. 6 (1971): 509, doi.org/10.1097/00006842-197111000-00004.
2. 原註：Marie-Louise von Franz, *Animus and Anima in Fairy Tales* (Toronto: Inner City Books, 2002), 67.
3. 原註：Regina Abt, Vivienne MacKrell, and Irmgard Bosch, *Dream Child: Creation and New Life in Dreams of Pregnant Women* (Einseindeln, Switzerland: Daimon Verlag, 2000), 79.
4. 原註：Daphne De Marneffe, Maternal Desire: On Children, Love, and the Inner Life (New York: Little Brown, 2004).
5. 原註：Kathryn Lynard Soper, *The Year My Son and I Were Born: A Story of Down Syndrome, Motherhood, and Self-Discovery* (Guilford, CT: Globe Pequot Press, 2009), 117–18.
6. 原註：Rozsika Parker, *Torn in Two: The Experience of Maternal Ambivalence* (London, UK: Little Brown Book Group, 1995), 69.
7. 原註：莫瑞．史坦（Murray Stein）。《榮格心靈地圖》。朱侃如譯。（新北：立緒）。
8. 原註：榮格分析師 C. Toni Frey-Wherlin 將此評論歸功於榮格。

第六章
體現黑暗

沒有孩子最大的好處，就是妳可以繼續相信自己是一個好人：一旦妳有了孩子，妳就必須見識到戰爭是如何開始的。

——費伊・韋爾登（Fay Weldon），引自《撕裂》

我早就不是第一次對女兒生氣了，不過這次是我第一次超出界線，有些什麼被破壞了，再也無法復原。在她生命的頭一、兩年中，我幾乎是用無止無盡的耐心與溫暖在回應她的需求，儘管有時候我也覺得很不容易，不過大致上來說我仍自認是一個好媽媽。

然而，有一天一切就不再相同了。我正處於八個月的孕期，好幾個禮拜沒有睡好，我感到很疲倦，女兒晚上是有睡著的，不過都只是淺淺入眠。我睡得斷斷續續，半夜一直被腦中奔騰的焦慮思緒給驚醒，我在凌晨三、四點左右才又再度入睡，沒想到女兒卻在五點半時醒來了。每一天睜開眼睛，我都覺得比前一天更疲倦。在我女兒幼稚園的媽媽群組中，大家經常沮喪地相互提醒，日內瓦公約將睡眠剝奪認定為一種折磨。

今天早上，我步履蹣跚地走下樓去準備早餐，女兒則精力充沛，開心地坐在地上翻閱一本書，一邊無釐頭地喃喃自語，彷彿她在「唸故事」給自己聽。我累得暈頭轉向，慢吞吞地泡著咖啡和燕麥餐。我把她抱上她的高腳椅，繫起安全帶。她發現窗戶上有一隻蜘蛛，便開始問我一些關於蜘蛛的問題。

「為什麼家裡有ㄗㄗㄨ？」她這麼一問，打斷了我的思緒，我腦中原本正在猶豫今天要不要處理一些雜事。

「我猜蜘蛛可能喜歡待在屋子裡吧。」我隨口應付，實在太累了，我也想不出更好的（或更有趣的？更有內涵的？更有創造性的？）答案。

「為什麼？」她又問，一坨燕麥片從她的睡衣上滑了下來，卡進了高腳椅的邊框中，清不出來了。我心想，我今天應該冒險開車嗎？我曾看過有些人說，疲勞駕駛的風險同等於酒駕，我有力氣帶小孩去大賣場採買嗎？

「可能屋子裡有更多食物吧？或者牠不喜歡外面下雨。」我回答。

「為什麼？」她又追問了，現在，跟她一起待在家越來越不容易了，如果我們出門去，至少會有一些讓我們兩人都暫時分心的事物。在家裡，有成堆的衣服要洗，有要給姪女的禮物要訂購，有好幾通電話要打。最後，我決定不出門了，然而我實在很懷疑這決定是否正確。在我筋疲力盡之際，這已經是一個我不可能想出正確答案的重大決定。

「親愛的，我不知道，好嗎？說不定牠就是比較喜歡這樣呀。」我回答道，我的語氣開始流露急促。

「為什麼呀？」她問。

我嘆了口氣，一邊收拾餐盤。現在地上也有一坨燕麥片了。我的思緒又繞回了習慣性的擔憂、罪惡感與自我懷疑，下一個新生兒就要出生了，到時候我要怎麼應付這一切？我想著。在我伸手要將女兒臉上和衣服上的燕麥片擦掉時，她開始尖叫扭動，可能我的動作特別粗魯吧。我只擦掉了一部分，想當然爾，這代表等一下沙發上會沾到燕麥碎片。我想著，如果我把保姆的時間改到週二下午，並且在週末時去拜訪更多客戶，這麼一來也許我的工作就不會受到那麼大的影響。我停不下來地想著怎麼調整工作與保姆的時間，希望這樣的調整是合適、且可行的。我需要更多托兒上的幫助才能繼續我的工作與訓練，然而現在保姆來的時候我都已經覺得難受了，如果連新生兒都留給保姆照顧，我一定會感覺更糟。

我坐到沙發上，隱約意識到成堆的玩具與書本下的地毯得用吸塵器吸一吸了。女兒拿來一個玩偶，把它塞給我，說：「跟我玩！」我心不在焉地讓玩偶沿著茶几朝它的娃娃屋走去。女兒很快地對我的動作感到沮喪，並開始指導我讓玩偶爬上娃娃屋的屋頂，我想像不出來她這是要做什麼。

我很孤單，真希望有其他大人陪伴我，如果能夠和那個也有個小女兒的鄰居一起散散步，那會好得多。不過，那位鄰居似乎就跟世界上所有其他人一樣正在上班，而她女兒則在日間托兒所。日間托兒所會是一個更好的選擇嗎？可是我不喜歡這個想法。我打開電視，讓自己喘口氣。女兒全神貫注地坐在電視前面。此時，鄰居的女兒在托兒所裡，大概正在做某種可以刺激大腦的手指韻律操，總之絕對不是在看《傑杰小飛機》(*Jay Jay the Jet Plane*)。越來越有罪惡感，越來越恐懼，越來越自我懷疑，這些情緒與疲倦混雜在一起，在我心中埋下了一顆黑暗強大的種子，滋長著焦慮、自我懷疑與埋怨交織的一團混沌，逐漸形成隨時可能一觸即發的怒火。

「好啦，小寶貝！」我在電視節目演完時說道，試圖讓自己的語氣既愉悅又有威嚴。「該關掉電視了。」我關上電視，並闔上電視櫃的門。不出所料，她開始尖叫，雙手無理地在空中揮舞，巴著電視櫃的門不放，我擔心她會把櫃子扯下來壓到她自己。「妳想要到外面玩嗎？」我把她從搖搖欲墜的電視上拉開來。我沒有心力想其他更有創造力的方法來轉移她的注意力，她的脾氣越來越大，臉漲得通紅、噘起嘴來，開始嚎啕大哭。雖然才早上八點，但對我們兩人來說彷彿已度過了一個漫長的早晨。出於沮喪不滿，她伸手從茶几上抓了一張紙，動手要撕，那是殺蟲公司的合約，我花了好幾個星期才處理好這件事，而且未來賣房子時我們會需要這份合約。我氣自己把這麼重要的東西放在茶几上，然而我已經失去判斷力了，我的怒火傾瀉而出。

「妳敢動手！」我咆哮道，情緒有個出口感覺真不錯！她面露恐懼，一部分的我目睹了她臉上的表情，心頭一緊，可是怒火一旦爆發了就無法輕易平息。我彎下腰逼近她，「妳好大的膽子！不准這麼做！」我的聲音很大，表情也被毫無理性的憤怒給扭曲了。她在驚恐與困惑中蜷縮起來，開始哭泣，並因為太過不安而嘔吐了。

接下來的幾分鐘，我的怒氣全消了，只留下傷心難過。我哭了，抱著她向她道歉。我記得我當時在想，從今天開始，我知道我不是一個好媽媽了，我見識到自己的陰影。

看見我們的陰影

當媽媽也許是少數能讓我們清楚看見自己陰影的機會之一，因為它把我們推入如此極端的感受狀態中。無論妳是被老在找自己麻煩、永遠無法按時交作業的青少年所激怒，或是被不懂得因應人際的學齡期兒童所煩擾，妳都可能會被自己對孩子有如此強烈的負面情緒給嚇到。不可避免的是，孩子會激起我們的陰暗面。大多數誠實的父母都會承認，他們對孩子憤怒、仇恨與殘酷的力道是很驚人的。在有孩子以前，我從未體驗過像現在這種原始、不受控制的憤怒。

源於內在深層的能量，與我們在意識層面呈現給外界的自己相當不同。在井底沉浮的期間裡所體會到的一切，往往非常陌生，令人驚懼。要很費勁，才能避免被我們未必有能力感受的劇烈情緒淹沒。正如前文所說，在當媽媽的過程中，我們無疑有很多機會將陰影投射到孩子身上。我們也可能會有這樣的時刻：人格被原始情感的洪流沖散了，我們被陰影攫取了。當這種狀況發生時，我們在最糟的狀況下，不得不徹底體驗到自己的卑微渺小。

正如在本章開頭所引用的費伊·韋爾登的文字，母親的身份將不可避免地把我們引入不太熟悉的、更深層次的人性，在那裡我們有能力做出最具破壞性與可憎的行為。為了理解戰爭是如何開始的，我們必須認識到自己的暴力與破壞力。理智上我們也許可以理解，出於人性，自己有可能做出可怕的事，不過可能從沒機會與那部分的自己相遇。關於二〇〇一年時，安德莉婭·耶茨（Andrea Yates）在浴缸中淹死五個孩子的案件，專欄作家安娜·昆德蘭（Anna Quindlen）在《新聞周刊》（*Newsweek*）上寫了一篇評論文章，引發了很大的迴響與討論。在〈無眠地扮演上帝〉（*Playing God on No Sleep*）一文中，昆德蘭坦言道，大多數女性在某種程度上可以與耶茨的謀殺情緒產生共鳴。

我問了許多母親關於耶茨的事件，她們每一個人都出現相同的反應。她們深感震驚，看起來嚇壞了，接著會出現一種表情，這表情述說著在某個禁忌的層次中，她感同身受。這表情述說著兩種截然不同的恐怖：一是詫異而難以想像這份謀殺的意圖，另一種則是完全可以想像在家照顧五個不到七歲的孩子的確會讓人悄然萌生如此瘋狂的念頭。[1]

儘管大多數人不會產生殺害孩子的念頭，不過都大概能在誠實的狀態下承認，我們至少是可以想像這種感覺的，即便這種想像稍縱即逝。為人母親可能會讓我們觸碰到每個人內心深處的無意識，在那裡，有著我們稱為「邪惡」的事物蟄伏其中。

在印度的諸神當中，迦梨女神既是仁慈的好母親，同時又是具有毀滅性的恐怖母親。在祂仁慈的那一面之下，祂是給予生命與提供養育的，右手拿著一個鑲寶石的美麗金勺子，左手拿著象徵豐饒的容器，盛裝著祂要給所有孩子喝的香甜米乳。對絕大多數人來說，很容易有意識地認同這種能量和其所帶來的感受。然而有些時候，我們會因自己對孩子的憤怒、冷漠或怨恨之深而感到畏懼，此時我們將體驗到恐怖母親的原型能量。

在迦梨女神具破壞性的那一面，祂的樣貌是個枯瘦而陰森的老太婆，配戴人骨做成的項鍊，狼吞虎嚥受害者的內臟。在生孩子之前，我們可能不知道自己體內也有這股迦梨女神的陰暗面。我記得在有孩子之前，曾有人問我能不能理解施虐者的內在狀態，坦白說當時我在內心深處找不到這種感覺。然而，那天對女兒發火的當下，我內在卻有某一部分是享受的，即便只有一瞬間。發現自己在經歷這種能量時，大多數人會感覺彷彿被一種外力所控制，我們非常想否認這些感覺其實是自己的一部分。

陰暗而原始的情緒——例如暴怒——可能會很棘手，甚至有破壞性。這些情緒可能會有觸及道德底線的疑慮，特別是當其展現在孩子身邊時。然而，如果我們將迦梨女神驅逐到心靈的地下世界，那麼不僅會失去獲得祂生命能量的機會，也會陷入被祂攫獲的危險中，因為我們並沒有與祂建立起有意識的連結。然而，毫無疑問地，祂確實是相當危險的女神，我們當然不該讓祂在心靈疆界中自由漫遊。我們應該如何與這股能量連結呢？又應該如何整合、並掌握這股能量呢？

愛爾蘭童話故事《長角的女人》（*The Horned Women*）也許可以提供一些指引，讓我們思考如何與這種黑暗的、原型式的陰影能量建立起最好的連結。這個故事講述一名母親與這種可怕力量的相遇。

長角的女人

某一天夜裡，屋子裡的所有家人與僕人都已經入睡時，富有的女主人仍在熬夜整理羊毛。突然之間，有人敲門，一個聲音傳來：「開門！開門！」

「是誰呀？」女主人問道。

「我是獨角女巫。」門外傳來這個回答。

女主人打開門，一名額頭上有一支角的女人走了進來，身上帶著羊毛梳子。她默默地坐在火爐邊，開始粗魯地梳理羊毛，突然她猛地停住，大聲說：「女人們呢？她們遲到太久了。」

這時門外再度傳來敲門聲，一個像剛才一樣的聲音喊道：「開門！開門！」，女主人覺得似乎不得不起身開門，第二位女巫便馬上進了屋子，手裡拿著一個紡羊毛的輪子。她說：「我是雙角女巫」，然後便開始像閃電一樣快速紡紗。

接下來，敲門聲此起彼落，女巫們紛紛進入屋子裡，到最後共有十二位女巫圍坐在火爐旁。第一位女巫只有一支角，而最後一名女巫則有十二支角。

她們梳理、紡線、織布，唱著古老的旋律，卻沒有說話。女主人嚇得動彈不得，她想要呼救，可是卻無法說話也不能動，因為她被女巫們施了咒。

這時一位女巫對她說，「起來，女人，為我們做個蛋糕。」女主人想找個容器，好從井裡取水來做飯與做蛋糕，卻遍尋不著。

女巫們對她說：「妳去拿個篩子來，把水盛在裡面。」她拿著篩子到了井邊，但是水從篩子的洞口流了出去，於是她坐在井邊哭了起來。此時，有個聲音說：「妳拿些黃土和苔蘚混合在一起，厚厚地塗抹在篩子上，這樣篩子便能盛水了。」她照著做，篩子便盛滿了要拿來做蛋糕的水。

接著，那個聲音說道：「回到妳的屋子裡，大聲地喊三遍『芬尼亞女人們的山與它上方的天空全都著火了』。」她便這麼照做了。

當屋裡的女巫們聽到這聲呼喊時，她們爆發出恐怖的哭聲。她們一邊狂叫、一邊衝出房子，逃回自己的家。接著，井的靈魂指導女主人如何保護自己的屋子，以免女巫們再度回來。

首先，她把用來為小孩們洗腳的水灑在門檻上。接著，她拿起蛋糕——這個蛋糕是在她不在家時，女巫們從熟睡的家人身上抽出血，混合其他食材做成的——她把蛋糕剁成碎片，放進每個熟睡家人的嘴裡，睡著的孩子們嚐到蛋糕便醒了。然後，她拿起女巫們織的布，一半放在箱子裡一半放在箱子外。最後，她把一根大橫梁固定在門框上，讓女巫們無法進入。做完這些事情後，她便靜靜等待著。

沒過多久，女巫們回來了。她們怒不可遏地前來復仇，要求女主人把門打開，然而，女主人剛才所做的準備牢牢地抵禦了女巫們的法力。於是，女巫們只好滿懷怒火地散去，女主人和這棟屋子則恢復祥和。女主人拾起一名女巫離開時遺落的斗篷，將它吊掛起來，用來紀念這個夜晚。這件斗篷被這個家庭世世代代地流傳下來，直到五百年後的今天。

在女主人正獨自忙碌時，這些紡線、織布的女巫在夜裡一起襲來，暴烈地佔據了她的家。我們獨處時，比較容易被乍現的無意識影響。許多母親整天在外面工作，晚上回家照顧孩子，總是在家人們都上床睡覺後，才獨自摺衣服、或繼續工作。夜深了，家人們都就寢了，這些母親們即便已經相當疲憊，還是不能睡、得要頂著一天的勞累繼續完成手上的事情，這會是什麼樣的感覺？我們可以想像她一邊做事情，一邊思考著自己的處境，覺得這一切對自己多麼不公平，隨著梭子一來一往的穿梭，怨懟的心情也跟著交織捻聚，一絲一絲地交織起來，直到引發了敲門聲——陰暗而原始的情緒侵入了，可能也包括強烈的憤怒。我被女兒激怒的那一天，就是女巫們第一次敲門來找我。

當我們陷入憤怒，感覺就像是自我被施了魔咒，我們可能眼睜睜看著這些明知不應該做的事情正在發生，卻無力阻止自己。意識到我們的自我掌控不了什麼，會帶給自己一種渺小卑微的感受。我們看著自己的心靈竟然如此各自為政，一部分的自己非常不想做正在做的事，另一部分的自己卻不可自拔。

憤怒

身為一些媽媽們的朋友與治療師，在我的經驗中，我很訝異我們經常沒有好好地討論憤怒這件事。如果我單從與這些媽媽的談話來看，我會相信自己是唯一一個在憤怒中失控的人。（順道一提，我實在必須承認那應該不是最後一次）當然，媽媽們會承認她們生過氣，卻鮮少提到更具體的細節。也許我前面提到的那種狀況並不常見，不過我對此感到懷疑。

一些作家勇敢地分享了他們的憤怒，有趣的是，這些描述通常都會用幽默來稍作緩和，似乎母親的憤怒是如此危險、恐怖或具有威脅性，以至於如果沒有添加一些笑意來粉飾太平，便會讓人難以忍受。然而，我找到一些沒有被幽默大事化小的真實故事，在〈在沙子上，逾越界線：母親可能有多瘋狂？〉（Crossing the Line in the Sand: How Mad Can Mother Get ?）一文中，作者艾莉莎．史察佩（Elissa Schappell）描寫了某一個漫長又高壓的一天，她扛著工作與育兒的雙肩重擔，直到晚上她哄兩個小孩上床睡覺時，兒子邁爾斯將手中的一本書亂扔出去，正好打中她的眉骨，邁爾斯還興味盎然地打量著媽媽，看她會有什麼反應。

> 我感到自己血脈賁張，一下子所有的壓力、怒火與罪惡感在我的血管中湧動，我幾乎要頭暈了。在盛怒之下，我攀上上鋪的梯子想抓住邁爾斯的脖子，他和伊莎朵拉趕緊向後彈開，蜷縮在牆邊、躲過我的手。現在他們知道事態嚴重了，我從他們的表情上可以看得出來。我要把邁爾斯拉下來，最好的話可以把他們兩個都拉下來，我完全按耐不住想對他們動手的慾望。一陣彷彿是來自地獄與世界末日的怒吼在我腹中翻湧，一股恐怖的聲音從我體內升起，就像這些醜陋的東西早已在我的身體中蟄伏多年。我衝著他們怒吼。在慢動作中，我看著孩子的臉上換上了恐懼與驚嚇的表情，邁爾斯大叫了起來，伊莎朵拉把臉埋在雙臂裡哭著說：「好可怕！」聲音斷斷續續

的。「那就好！」我大喊，我真的是這麼想的，「我很高興你們會害怕！你們應該要害怕的！」

然而，我也很害怕，我害怕自己傷害了孩子，害怕不能保護他們免於我的傷害，害怕在這一刻裡我既愛他們、又恨他們……「媽咪，」伊莎貝拉嗚咽地喊道，她的臉頰都是淚水，「請不要這樣，求求妳，妳嚇到我們了。」「媽咪，請不要這樣！」女兒的懇求如同一把刀子割斷電梯的纜繩，啪！我的憤怒如自由落體般下墜，只剩下一份強烈的空虛感，一片無聲的空洞……2

當我們被這原始的黑暗能量所擄獲時，會感覺自己也在被它們吞噬。體會到自己竟有如此深層的憤怒、並感到自己在某些時刻被這股無法控制的狂暴能量所佔據，是非常令人恐懼的。

史察佩的暴怒在女兒的哀求之下戛然而止，我那次發火也是因為女兒開始出現不適而迅速落幕。有一小段關於迦梨女神的故事可以說明這種經驗，迦梨女神被命令要殺死一個惡魔，祂砍下了惡魔的頭顱，並擒著它在戰場上跳舞，然而祂無法平息下來，很有可能會在持續的憤怒下摧毀整個宇宙。此時，濕婆被召喚來控制住迦梨的憤怒，祂把自己變成一個哭泣的嬰兒，躺在迦梨會經過的路上。這喚醒了迦梨的母性，祂俯身安撫這個哭泣的嬰兒，所有的憤怒頓時煙消雲散。身為母親，當我們關心和安撫孩子的本能被喚起時，就會從憤怒中回過神來。

與我前面描述的經驗一樣，故事中這份黑暗力量對房子裡的孩子是具有毀滅性的。女巫為了製作蛋糕，竟吸取孩子們的血。這種能量需要適當地處理，以免讓我們或身邊的人蒙受傷害。

憤怒的益處

儘管如此，這些女巫們無疑也具有積極正向的一面，與她們有關的象徵讓我們明白，她們也是強而有力的神祇。她們是紡紗與織布者，正如我們先前所看到的，這些都是強而有力的隱喻，紡紗與帶來生命、使生命豐盈有關。紡紗與織布是女神的一個面向，就像迦梨女神一樣，既會創造、也會毀滅。在祂毀滅性的那一面中，祂是切斷命運之線的人，犄角與神性力量、侵略性、強壯與保護有關，這些都是具有強大創造性意義的女神。唯有在付出巨大代價的狀況下，我們才會將自己與這股力量切割。

有時候，養育子女所需要的是力道與狠勁，而不是柔軟與溫柔。就像公主把青蛙扔到牆上，而這種暴力行為——這完全體現了真實狀況，憤怒往往就是這個樣子——將卑微的生物轉變成了王子，要破除魔咒、恢復事物的連結，需要的可能是一股激情，而不是同情憐憫之心。有時候，我們可能透過仇恨與憤怒——而不是透過愛——來與孩子建立連結。我們要能感覺到與自己有所連結，有時候也許也需要的是仇恨與憤怒。

比起一味去壓抑這些感受，當那股陰暗的憤怒感受浮現時，我們的感受會更為真實。說到底，真實的感受所需要的是我們與自己擁有真切的連結，無論是我們與孩子、或是我們與自己之間。我們的憤怒很重要，因為它是真實的。

憤怒可以幫助妳找到妳真實的立場，不論是在與孩子、或其他人相處時，憤怒可以為妳提供站穩立場、設立限制時所需要的力量。我們對孩子生氣，也將教會他們如何生氣。在我女兒四歲時，我認識了貝絲（Beth），她也有個四歲的女兒，叫做明蒂（Mindi）。貝絲是一個很有想法、充滿智慧的人，她小時候曾經遭受過很多虐待。她向我吐露，這些經驗讓她感到相當受傷，在她懷孕時，她發誓自己絕不厲聲粗氣地對孩子說話。她告訴我，為了遵守對自己的承諾，她培養了極大的自我克制能力。

有一天，我帶女兒到貝絲和明蒂家玩，當我女兒和敏迪在玩遊戲時，貝絲上樓一下子。當媽媽走出視線範圍之後，明蒂推了我女兒一把，把她推倒在地。我清清楚楚地目睹了這一切，就我的觀察，明蒂的攻擊行為完全不明究裡。我的女兒開始哭泣，我一邊安撫女兒，一邊說「明蒂，不可以這樣推別人喔」。此時，貝絲回到這裡，她疾言厲色地回我「明蒂不會推人的」，當時我不知所措，一時之間語塞了。

很顯然地，貝絲是真的相信她的女兒不會有攻擊行為。這就好像她已經成功地切斷了自己內在的攻擊性，以致於她無法想像這種攻擊性會存在於她孩子的身上。在這個家庭中，憤怒已經被成功地從意識中驅逐出去了，於是它便在無意識中自由遊蕩，如同在媽媽的背後肆意張揚。我想到的是，明蒂的攻擊性被完全抹去了，而沒有得到幫助。她從來沒有見過媽媽生氣，因此，她從來沒有機會了解到憤怒可以是正常而健康的，或者即使人們對彼此發怒，依然是可以安然無恙的。

這個貝絲和明蒂之間發生的事件，讓我想起了一則關於「太溫柔的母親」的格林童話故事。

甜粥

有一個貧窮卻善良的小女孩，與母親住在一起，她們已經沒有食物可以吃了。於是小女孩走進森林，在那裡遇見了一名年長的婦女，她看見了小女孩的悲傷，送給她一個小鍋子，當她念著：「煮吧，小鍋子，煮吧」時，小鍋子便會煮出好吃的甜粥，而當她說：「停吧，小鍋子」時，小鍋子便會停止煮粥。小女孩把這個鍋子帶回家給母親，於是她們便脫離了貧困與飢餓，只要她們想要，便可以經常吃到甜粥。有一次，小女孩出門了，她的母親說：「煮吧，小鍋子，煮吧」，鍋子煮好了，她一直吃到飽足了為止，接著，她想要讓鍋子停下來，然而卻不知道要怎麼說。鍋子便繼續煮，粥滿到了邊緣，鍋子仍然繼續煮著，直到廚房和整個房子都溢滿了粥，然後是隔壁的房子，然後是整個街道，就像是它想要餵飽整個世界的飢餓。這時，人們感到非常痛苦，但是沒有人知道如何停下它。最後，當只剩下一棟房子時，小女孩回到家，只是說了句「停吧，小鍋子」，鍋子便停止了。現在，任誰想要回到鎮上，都必須要先吃下街道上的粥。

這是一則關於「太多好東西」的母親的故事。它暗示了這可能是多麼具有破壞性和危險性的一件事。這個故事中的母親不知道如何停止，因此，甜粥反而破壞了整個小鎮。正是憤怒幫助我們找到了「不」，幫助我們堅決地表明立場，終結那些不為我們所要的、或是具有破壞性的事物。

故事中，正在沸騰熬煮的鍋子產生了破壞性的效果，這可能不只是一個巧合。貝絲不能讓自己的憤怒涉入她與女兒之間的關係，那麼憤怒到哪裡去了呢？也許它在甜蜜之中逐漸沸騰著，讓房間裡沾滿了黏稠的粥糊，讓整個房間無法呼吸。貝絲無法對明蒂不適切的攻擊行為說不，因此，她女兒無法得到幫助、無從學習如何處理這些衝動。如果貝絲能夠擁有一些憤怒，將會有助於明蒂消化掉她那相當自然正常的敵意，這可能會讓這個孩子感到大為釋放。

憤怒的女巫也可以為我們的孩子、以及我們脆弱的部分帶來保護。蘇珊·斯奎爾斯（Susan Squire）在〈母性婊子〉（Maternal Bitch）一文中描述了母親是如何敞開大門迎接女巫的，而在最終，這又如何被證明是一種救贖。她這樣述道：「在我第一段婚姻的房子裡，」那時她還沒有小孩，「我內心的婊子深深地沉睡著，她是沒有彼得潘的小仙子，在被遺忘的抽屜裡日漸衰弱，逐時逐刻地失去能量——而我卻慶幸著自己把她壓抑得如此之好。」[3]我們可以以「陰影」取代此處的「婊子」。她繼續解釋道她的父母處得不好，從小看著他們，她認為「成為媽媽——不論它有什麼用處——早晚會讓女人感覺自己被利用了。」[4]因此，她決定不生孩子，以避免「喚起內在的婊子」。儘管她在第一段婚姻中極力避免懷孕，卻在第二段婚姻中懷上了孩子。內在婊子在寶寶出生後的第四天首次亮相，當時她和第二任丈夫在餵奶上相當不順利，他們正在苦思該怎麼辦。她開始歇斯底里地哭泣，丈夫則陷入恐慌，提議到店裡買配方奶粉。

「這就是你所謂的幫忙嗎?」我咆哮道，「我不能餵她喝奶粉泡的奶!」婊子登場，來幫我打贏這場重要的戰局，我極盡所能地用最挑剔刻薄的語氣，幫我先生惡補一下時下流行的傳統智慧：好的媽媽就是要親餵母乳……我先生一直等到我把話說完，「但是有奶喝總比沒奶喝好吧?」他說。

還有人能比他更惱人嗎?好吧，他是理性的，而我不是(這才是最惱人的部分)。不過妳猜怎麼著?我不再歇斯底里了，在我身上，惱怒和無助是一體兩面的……此外，這婊子也沒有那麼壞，應該說一點也不壞，我沒想到的是，她其實是一個很好的夥伴，她很不顧一切、爭強好鬥、不會憂鬱……在她破門而出時，我先生看起來依然穩如泰山。

十五分鐘後，他回來了，手裡提著購物袋，看起來得意洋洋的……「謝謝你，」我說，「但我……我們……不需要這個。」在我先生出門的這一小段時間裡，艾蜜莉已經張嘴含住了我的乳頭，正在大口大口地喝奶。5

在當了母親之後，作者轉換了她「善良」的虛假自我，重新找回了有活力的、機智的、兇悍而具有保護性的陰影面。她與女巫的交會，讓她得以汲取深層的陰性智慧，以照顧她的寶寶。她的婊子——也就是在我們故事中的女巫——有著相當重要的積極面。

悲傷

讓我們回到前面的童話故事，在女巫的要求下，女主人帶著一個篩子來到井邊。由於篩子的作用在於藉由過濾分類來淨化事物，因此它與自我覺知、批判、篩選與抉擇有關。然而，批判和自我覺知的功能有時候會過度發展，以致於變成一種迫害。嘗試用篩子盛水呈現出一種情感困乏的意象。此時，女主人沒有什麼可以給予，從感情和關係之井中她連一滴水也取不出來，每當她試圖舀起，一切直接流走。當我們在母職中感到枯竭之時，要試著與我們的孩子重新建立起情感同理的關係時，感覺可能就像是拿著篩子浸入井裡。

這個故事的轉捩點發生在女主人坐在井邊哭泣的時候。在故事中，每當女主人坐著哭泣的時候，意外的幫助就會到來。哭泣，代表人格的意識層面對「無助」有所體認，這份體認能讓自己開放地接受無意識的指引。在這個故事中，這種幫助來自於井的靈性，祂指導女主人如何讓篩子盛水。井象徵著來自深層的聖祕智慧，經常與女神或陰性能量有所連結。在凱爾特神話（Celtic mythology）中，井是與另一個世界聯繫的通道，經常蘊含著神奇的水。

往往在我們將自己交給絕望之時，來自深層的陰性智慧會介入，展現修補我們受損的共享連結的能力。不需要魔法，需要的只是一些普通的、日常可見的事物，便足以彌平填補好我們感覺上的破洞。一旦完成這一步，便可以開始驅逐籠罩我們的破壞性情緒。

被這些未經調節的原始情感衝擊之後，故事中的女主人在與陰影的對抗中變得謙卑，因此能夠聽到井中深層陰性智慧的指引。我們必須穿越過陰影，才能企及無意識中具有創造性、嶄新的深處。在這個意義上，在與女巫對峙之前，我們必須先聆聽井的聲音。在我情緒爆炸事件後的一個小時，我便擁有了自己的井邊哭泣經驗。我把女兒帶到遊樂場，推著她盪鞦韆，我感到很氣餒、精疲力盡，對於我在雙方身上造成的傷痕感到過意不去。其他我認識的媽媽們，大多都為她們兩歲大的孩子報名了全日制的幼幼班，我之前一直覺得自己還沒準備好走上這一步。然而，那天我突然有個念頭，想到也許我應該把她送去上學。說不定我根本不是自己過去兩年所認為的那種父母，說不定我根本不應該花那麼多時間陪她，也許是時候請專家來幫忙，讓他們接手照顧小孩了。不過，心裡有個聲音回應道：「妳是不完美，但這並不表示陌生人能做得比妳更好。」這個聲音幫助我接納自己，並且引領我走向同時擁抱兩股對立張力的道路。我不是完美的母親，我有陰影的一面，再也不能只認同光明面了。但這並不代表著正確的抉擇是必須放棄我的主張、放棄竭盡所能為孩子付出的態度。

在遊樂場上，這個回應我的聲音告訴我如何修補篩子上的孔洞。一個打了補丁的篩子並不完美，不過也許已經夠好了，我也是如此。比起要求自己一直擁有完美的容器，用一個打補丁的篩子盛水回家，可說是更有勇氣、更充滿愛的舉動。成長中的孩子不會無時無刻都符合大人的期待，他們會讓人失望、會激怒人、非常折騰人。要在時而對他們的憎恨——因此也是時而憎恨自己——之中仍然繼續愛他們，這確實是件了不起的事。

艾莉莎．史察佩發火的事件也有著同樣的模式。起初，由於自己的憤怒，她感到與孩子們失了連結。她不計代價理直氣壯地放任自己的怒火，讓她感覺自己是不及格的母親。「我想哭……孩子年紀還那麼小，他們有我這種媽媽真的是太不公平了。」最終，儘管如此憤怒，她對孩子強烈的愛依然佔了上風。她可以重新確認自己對孩子的愛，並感覺到內在有一股想要修復傷痕的衝動。

在樓上，我給自己倒了一杯紅酒，坐在沙發上，仍然渾身發抖。但改變不了我失去理智的事實，這無關我做了什麼、或者沒做什麼，而是在於我本來可能會做出什麼。說實話，可以這樣放聲尖叫的感覺真好，非常好。即使現在，在我讀過那麼多書、以及接受過那麼久的治療之後。

幾分鐘之後，我起身下樓去看他們。他們都在睡覺了，月光一般的手指輕觸著自己的臉龐。他們是完美的。

一瞬間，我有一種想和他們一起躺下睡覺的衝動，我想蜷縮在他們身邊，我想讓他們的手臂斜跨在我的臉上……我想在他們耳邊說，媽咪愛妳們，媽咪絕對不會傷害妳們。6

憤怒暫時被趕出腦袋，轉變成悲傷與悔恨。不過作者不安地意識到，它隨時可能會再回來。與童話故事中的女主人不同，她沒有得到她所需要的神奇知識，可以把女巫永遠趕走，那天在遊樂場上的我也沒有。我們能做些什麼來一勞永逸地驅逐這些破壞性的感覺嗎？我們應該這麼做嗎？

效命於女巫

要回答這個問題，讓我們先看看另一個童話故事，描繪了與黑暗、陰影面陰性的相遇。在俄羅斯童話《美麗的瓦西麗莎》（*Vasilisa the Beautiful*）中，瓦西麗莎已經過世的母親留給她一個能夠安撫、幫助自己的魔法娃娃。她的繼母與繼姊妹都很殘酷無情，一天晚上，她們策劃要將她送上絕路，要叫她到芭芭雅嘎（Baba Yaga）那裡去取火。芭芭雅嘎是一名黑暗的自然女神，負責掌管晝夜的節律。如同迦梨女神，芭芭雅嘎也是一個會吃人的恐怖巫婆，她的小屋外圍著由人類頭顱與骨頭製成的圍欄。瓦西麗莎去拜訪她，並想辦法與她鬥智。瓦西麗莎完成了許多巫婆交代給她的差事，到最後，芭芭雅嘎賜給她一份禮物——一個雙眼閃耀著光芒的頭顱。

雖然瓦西麗莎是在繼母的命令下出發去找巫婆，不過這乃是出於她自己的意願。此外，她還帶著魔法娃娃，這是一份保護。她去拜訪芭芭雅嘎一舉，呈現出她的自我在某種程度上能夠面對黑暗力量的意象，儘管有時候她感到絕望，但瓦西麗莎從來不曾失去理智，或被芭芭雅嘎蠱惑。

去拜訪芭芭雅嘎是充滿危險與恐懼的，然而也蘊含著新生的可能。芭芭雅嘎令人畏懼，卻也備受尊崇，在其他故事中，英雄們甚至會為了得到她的智慧與保護魔法，而四處尋找她。然而，儘管她擁有一些正面積極的特質，妳也不會想要與她同住。在《長角的女人》中，女巫們違背女主人的意願，接管了她的家。這股能量不請自來、肆無忌憚地進入屋子，就像發生在我與史察佩身上的那樣。這不是意識的退讓，而是暫時性的被原型能量所攫獲，此時意識人格被蠱惑了，無法扳回掌控權。《長角的女人》中女巫們的陰影面裡同樣也蘊含著新生的可能，只不過她們出現在不該出現的地方。從道德的角度看來，「井」的靈性是正確的，必須將她們趕回她們在無意識的老家。

整合憤怒

但同時，雖然她們應該回到原本的所在，故事卻告訴我們，她們有一部份的能量已經被整合了，並帶來療癒。女主人的家人必須要吃下或攝入女巫做的食物，才能起死回生。故事的意思彷彿是，吃下一些黑暗女神的食物是有療效的。如果我們可以整合這類陰影面的能量，將會重獲新生。如果我們失控的原型情緒從孩子與家庭中吸走了生命之血，那麼修復的方法就是服下這些血液，與它合作，讓它轉化成滋養之物。

在陷入原型的憤怒之後，處理我們的悲傷與悔恨，將之轉化為修復的機會，就像是使用摻了血的蛋糕來治癒我們的孩子。當代的育兒研究強調安全依附最為仰賴的是修復，而非父母提供最極致的情感同調或回應。7

當我們修復時，將體會到在自認為已然迷失之後，仍能重新找回自己的經驗。我們不僅是在修復與孩子的關係，也是在將自己重新拼湊回來。在經歷了分裂與毀滅性的經驗之後，重新將自己破碎而受損的感受編織起來。

井的靈性的另一個啟示是，要如何與這些陰暗、原始的情緒相處。為了讓這種能量保持在適當位置，我們必須接納並重視孩子的陰影。在這個故事中，女主人必須將孩子洗過腳的水倒在門檻上。水裡有腳上的污垢，通常會被當作沒價值的東西倒掉，然而它被發現具有神奇的保護力量。這個故事告訴我們，如果能在孩子最糟的狀態下仍看見他們的價值，就能讓黑暗女神留在祂原本該處之地。

此外，女主人也被告知要把女巫們織的布一半放在箱子裡、一半放在箱子外。女巫們創造的這張生命之網要夾在兩種狀態之間，既不能進去、也不能出來。這個有趣的意象展現出要保持兩極對立之間的張力，這將會預防一個人的理解變得太過呆板或固著。女主人必須整合女巫們所精心加工的創造力，然而不能以概括全收的方式擁有它。在心理上，這意味著我們必須掌握自己的憤怒的能力，也要避免過於放任這種潛能。

最後，女主人被指示要用一根大樑來固定門，這跟橫樑不是什麼魔法，只是阻擋女巫們再度進入屋內的物理障礙。在此，這個故事告訴我們，對陰影的內涵有強大的自我防衛是很恰當的，雖然我們該整合並汲取烈火般的能量，但也該防止它肆無忌憚席捲我們心靈的小屋。如果說讓孩子吃下摻血的蛋糕、保留女巫織的布象徵著對陰影有所意識、並處理它，那麼用橫樑擋住門則象徵著發展自我的力量。學習深呼吸、練習疼惜自己、或者記錄下感受，這些技巧都可以成為心理的橫樑，擋住我們對孩子的憤怒。

在下沉進入黑暗陰性領域的故事中，女主角往往會帶著寶物歸來。瓦西麗莎帶著發光的頭顱回家，這個頭顱有著老巫婆的智慧，可以燒死繼母與繼姊妹，回家的路途上，她帶著她的意識（光芒）與侵略性（aggression），這是她在拜訪黑暗巫婆之前所欠缺的。在故事中，寶物是巫婆的斗篷，它象徵著保護、神祕與力量，穿戴上女巫的斗篷即是承擔起一部分她的力量與權威，換句話說，便是與這股原型能量保有創造性的連結，而不被它吞噬或佔有。

當我們整合陰影時，將會有所失去，然而也總是會有所得。榮格曾寫到，個體化歷程的目標是完整性（wholeness），而不是完美。如同本章最前面的引言中，費伊．韋爾登所指出的，體認到自身的陰影會讓我們失去「自己基本上是個良善之人」的信念，不過卻也帶來嶄新的契機，讓我們在不完美的完整性中更充分而更全面地接納自己。

在我們的文化中，媽媽們要揚棄對「母親應該全然完美、全然關愛」的理想，是非常困難的，因為陰性的陰影已經被深深地壓抑下來了。對於母親「光明」面的理想化有著悠久而輝煌的歷史，想當然爾，至少可以追溯到對聖母的崇拜。如今它在流行文化中依然存在，每個世代的媽媽們都會接觸到教條式的育兒書籍。我們理想化了和樂融融的幸福畫面，不想承認衝突與摩擦也是關係的一部分。對於我們自己、對於為人母的經驗，社會文化過度抬舉了完美而不切實際的期待，而陰影的那一面——幽暗的、蠻橫的、甚至是駭人的，但同時也充滿真實性與活力——則無法與意識有所連結。

一位母親接受了心理學家羅澤西卡．帕克（Rozsika Parker）的訪問，她如此描述了自己的經驗。

> 我不知道我內心藏有多大的憤怒與仇恨，我一直是個善良的平凡人，個性溫順，每天戰戰兢兢。我接受過治療，但那並未讓我接觸到在女兒黛安（Diane）出生之後所浮現的憤怒、被遺棄、被埋怨的感受，我得靠自己處理這些情緒。當媽媽之後，我開始接受這一切，我感覺現在可以和孩子們稍微分開來一些，開始過自己的生活，因為我已正視過敵人的面孔，看到敵人其實就是我自己。那種我所痛恨的侵略性，在我媽身上也在黛安身上看到的，現在我也在自己身上找到，而且我已經在某種程度上與它合而為一了。8

完整性要求我們有意識地與陰影產生連結。如果我們將自己身上難以接受的部分分裂出去，那麼便勢必會犧牲心靈的成長。與陰影相遇後，得到的最大好處也許是提升我們的自我覺知。反過來看，這也為我們帶來更多的真誠與真實感。榮格曾問：「如果我沒有投射出影子，我怎麼會是真實的存在呢？」他說：「我必然擁有黑暗面，才能成為完整的人。」[9]

針對體現黑暗，可以反思……

1. 妳是否曾有過對小孩真的情緒失控的時候呢？當時發生了什麼事？之後妳的感覺如何？妳是否曾經將此告訴過別人？
2. 一旦女巫進入屋內，女主人便無法說話或移動，因為她被女巫的魔咒所控制了。當我們被強烈的情緒攫獲時，會覺得自己好像被施了魔咒，因為我們看著自己做了平常不會做的事情，並體驗到完全無法阻止自己。最近，妳曾發生過這種狀況嗎？妳做了什麼？事後妳的感覺如何？

3. 故事中，女主人得到了井的靈性的幫助。當妳筋疲力竭、身心交瘁、或被激怒的時候，有什麼樣的內在資源是可以為妳所用，以助自己重建平衡的呢？

4. 童話中經常出現用篩子盛水的情節，這也許是一個情感耗竭的意象。在妳與孩子互動時，什麼時候會感覺自己好像正在用篩子盛水？這是一種什麼樣的感覺呢？

5. 女主人餵孩子們吃了女巫做的蛋糕之後，孩子便起死回生。如果妳對孩子發了頓脾氣，妳通常會做些什麼來修復破碎的局面？

6. 女主人被告知要用大橫樑來擋住門，以防止女巫進入。大多數父母都體會過對孩子發脾氣的感覺，而且大多數人都會盡力避免。妳嘗試過哪些方法來避免對孩子發脾氣？哪些方法有效？妳認為有效的原因是什麼，無效的原因又是什麼？

7. 妳對孩子生氣之後，會如何修復跟孩子的關係？

1. 原註：Anna Quindlen, "Playing God on No Sleep," Newsweek, July 1, 2001.

2. 原註：Elissa Schappell, "Crossing the Line in the Sand: How Mad Can Mother Get?" in The Bitch in the House: 26 Women Tell the Truth about Sex, Solitude, Work, Motherhood, and Marriage, ed. Cathi Hanauer and Ellen Gilchrist (New York: Perennial, 2003), 202–3.

3. 原註：Susan Squire, "Maternal Bitch," inThe Bitch in the House: 26 Women Tell the Truth about Sex, Solitude, Work, Motherhood, and Marriage, ed. Cathi Hanauer and Ellen Gilchrist (New York: Perennial, 2003), 205.

4. 原註：Squire, "Maternal Bitch," 205.

5. 原註：Squire, 213–14.

6. 原註：Elissa Schappell, "Crossing the Line in the Sand," 204.

7. 原註：Daniel Stern and Nadia Bruschweiler-Stern, The Birth of a Mother: How the Motherhood Experience Changes You Forever (New York: Basic Books, 1998).

8. 原註：Rozsika Parker，Torn in Two: The Experience of Maternal Ambivalence (London, UK: Little Brown Book Group, 1995), 137.

9. 原註：榮格（C. G. Jung），《尋求靈魂的現代人》（*Modern Man in Search of a Soul*）(New York: Harcourt, Brace & World, 1980), 35.

第三部

浮出水面

surfacing……

第七章
求取超越

不知不覺中，人總在關注著上帝。

——榮格（摘自榮格的演講）

在《兩個匣子》這則故事中，女孩從井底的奇幻世界中歸來，倖存下來的她，成功完成了無數的考驗，最終帶著豐碩的寶藏返家。

因為她聰明又勤奮，願意聆聽這片奇幻世界上各種生物的聲音，貓幫忙她，引導她選擇樸素的黑色匣子。當她回家，在雞舍裡打開這個匣子時，黃金和珠寶溢了出來，填滿整間房子。如果我們能在身為人母的考驗中，仍對內在生命保持開放，也將會獲得豐厚的寶藏——無價的智慧、以及對完整性的恆常體驗，讓我們在世界中擁有堅實的基礎。這樣的智慧將會從本質徹底轉化我們與生命、與自身的關聯。

發展成熟的心靈，是邁向心理健全的重要一部分。這需要我們分辨哪些價值來自家庭或文化、哪些是我們希望接受的、而哪些是我們選擇摒棄的。要發展成熟的心靈，不一定要參加正式的宗教活動，而是要有勇氣審視我們的價值觀與信仰，了解自己在天地寰宇中的意義與定位。身為人母提供了一個絕佳的機會，讓我們了解自己在宇宙中的定位，也重新審視那些原本支撐著我們生命的價值觀。

價值觀的重新定向

在生孩子之前，我們可能非常注重賺錢或追求事業上的成功，然而成為母親之後，我們可能會發現自己的重心有所轉移，朝著一個全然不同的方向產生不可逆的轉變。對某些女性來說，這種價值觀的重新定向輕而易舉，甚至她們很喜歡這樣的改變。不過對某些人來說，這可能意味著要痛苦地放棄一些原本珍視的事物。如果我們的目光原本是放在工作與成就上，並習慣從這些領域的成功來感覺讚賞與認可，那麼，成為母親對我們提出了截然不同的要求，會讓我們感覺被貶低，甚至覺得自己很失敗。

我的個案辛希亞（Cynthia），在生孩子之前是高階主管，二十多歲時便已開始平步青雲。辛希亞不僅學歷亮眼，且得獎無數、深受認可，在成為母親之前，她可說前途一片光明。但有一次辛希亞出差，把老大托給保母照顧，結果孩子受了點傷，為此她辭去工作，調整了生活，以便可以變成全職的家庭主婦。

她回想起那段時間，發現離開事業之後，她迷失了方向、且受到重創。她告訴我：「我再也不認識自己是誰了，」她說：「我很訝異的是，我很快地便與之前的同事與下屬們有了隔閡。」辛希亞向來都能在她專注的事情上有所斬獲，她以為照顧嬰兒也會不費吹灰之力，萬萬沒想到這些事情竟如此困難。她說：「在工作上，我可以做到一百萬美金的業績，但是在家裡，我每天撐到早餐時間就快要不行了，可能才早上七點半，就已經開始覺得一天好漫長。」

辛希亞的經歷讓我想起一個阿爾岡昆（Algonquin）[1]的傳說故事，描繪著育兒的經驗如何讓人感到挫敗。

格魯斯卡普與嬰兒

格魯斯卡普是名勇猛的戰士，擁有神奇的力量。

他曾經從邪惡的青蛙魔獸手上拯救了世界，也曾打敗惡魔、巨人與女巫。他制伏了所有敵人，覺得自己所向披靡！

有一天，他對一個老婦人誇口自己非常厲害，他說：「我如此偉大、如此強壯，」他說「沒有人能打敗我！」

老婦人笑了，並告誡他不要說得那麼篤定，她告訴格魯斯卡普：「還有一個對手，你還不曾遇上過呢。」

格魯斯卡普要求見一見這個厲害的對手，於是老婦人便走進旁邊的房間裡，抱著一個小嬰兒回來。她把嬰兒放在地上，嬰兒傻愣愣地坐在那兒，吸著大拇指。格魯斯卡普笑了，心想這真是個愚蠢的玩笑，怎麼會強勁的對手不過就是一個小寶寶？

「小寶寶，快過來我這邊！」他命令道，但是嬰兒只是繼續坐在那兒，流著口水。格魯斯卡普試著模仿鳥兒唱歌，想要吸引嬰兒過來找他，嬰兒笑了，不過卻沒有移動半步。

格魯斯卡普可從來沒被這樣對待過，他開始動怒，吼叫著命令嬰兒過去找他。這讓嬰兒哭了起來，他哭個不停，格魯斯卡普唸了所有他所知道的最強大的咒語，他唸出了一道可以讓人起死回生的咒語，嬰兒卻只是哭得更大聲了，他又唸出了一道驅逐惡魔的咒語，不料嬰兒的哭聲反而變得更震耳欲聾。

最後，格魯斯卡普這位偉大而勇猛的戰士，不得不承認自己失敗了。他以敗將之姿，大步離開了。嬰兒則恢復了平靜。

連如此勇猛的格魯斯卡普都不是嬰兒的對手！要征服外在世界的對手，需要的是定向性、侵略性、無畏的膽識，然而，與孩子待在一起所需要的則全然不同。因此，像辛希亞這樣的女性，在生孩子之前活得如此英勇，可能會發現成為母親特別困難。嬰兒、小孩與青少年挑戰著我們的掌控感。在職涯上相當重要的技能，不一定能為我們培養出與另一個人之間彈性的、情緒調節的、細膩同調的能力，而這些正是在養育嬰孩與青少年時所需要的特質。如果我們已經戰勝了學術或事業世界的巨人與女巫，我們可能非常習慣於一邊感覺著自己的能耐，一邊迎向挑戰。對符合上述狀況的女性來說，生孩子確實意味著終究遇到了強敵。

被打敗

因為會有許多被打敗的經驗，母職的經驗讓我們開始認識自己的極限，逼我們接觸比自身強大的事物。當我們被打敗的時候，身上一部分就會死去。成為母親，需要犧牲以前的自己，我們才可以重生，成為更宏大版本的自己。這樣的死亡總是痛苦的，大多數人都會抗拒，我們可能已經很習慣原本的生活、成就與興趣，已經打造了自己的小世界，不希望它被推翻。

在還沒有小孩之前，妳可能會覺得自己可以控制日常生活中的許多面向。即使工作壓力很大、或有其他困難，妳可能仍會感覺自己至少還能決定把心力時間花在哪件事上。但當小孩進入妳的生命之後，有太多我們無法掌控的事。不論小孩仍在蹣跚學步、或是正值叛逆固執的青春期，妳都會發現自己在某種意義上需要對另一個妳無法完全掌控或影響的人負責，這經常導致深感挫敗。

在母職中「被打敗了」，可能令人極度不安。當我們想盡力做好每一件事，卻發現手上最重要的工作永遠不可能做到滿意，這該有多麼折磨人！對某些女性來說，體認到養育小孩是一件這麼掙扎的事並不容易，這可能會讓她們疏遠孩子，想擺脫母親的角色。然而，如果能夠承受這種失敗，它便可以拓展我們、帶來生命力。這份體驗可以幫助我們成長，引領我們超越意識人格的限制。它可以貫穿防衛，顛覆壁壘森嚴的自我意識，把我們對人生的既有認知撕成碎片，打開更廣闊的視野，大幅提升對自我的認識。用詩人里爾克（Rainer Maria Rilke）的話來說，我們的成長乃是「透過徹底地被更偉大的存在所打敗」而發生的。[2]因此，面對失敗可以讓我們與自我深處相遇。失敗很少令人愉快，但這樣的經歷幫助我們紮根於體現意義與目的的意識中。失敗是我們與靈魂交會的方式。

這樣的失敗在本質上是一種宗教體驗，因為它指引我們謙卑，教導我們臣服於更偉大的意志。榮格在他生命尾聲所寫的一封信中提到「任何猛烈而無情地衝撞我意志的，我都稱之為上帝，那打亂了我主體的觀點、計畫與意圖，並改變了我的生命進程，這樣的改變或好或壞。」[3]當我們自我的慾望處處受挫，事實上，這是我們正在與神性交會。

由於通往完整性的道路往往看起來與意識人格所習慣的道路相當不同，我們可能需要經歷一次失敗，才能打開內在所蘊含的更大可能性。榮格有一句名言「對自性的體驗，往往是來自自我的失敗。」[4]他的意思是，與內在引導的自性相遇，往往會讓意識人格下沉。身為媽媽時經常體會到的這種自我挫敗，可以使我們接受內在的指導與智慧。

辛希亞的狀況當然也是如此。在我們的工作中，她探討著她對自己與生活的期望突然被顛覆時所引發的感受。在整個成年早期，她只想像過在事業上一展鴻圖，而且她也已經預備好去完成這樣的期待。社會地位的喪失一開始使她陷入黑暗期，她努力在日常生活、令人心煩意亂的育兒瑣事中尋求自我價值感。然而，隨著心態的調整，她發現了母職更深遠的意義。現在她回憶起與孩子們待在家裡的那些歲月，她認為這是自己生命中最重要、也最充實的時光。

當孩子都開始上學之後，辛希亞覺得是時候可以返回職場了，不過這一次，她知道自己需要的是一份可以投注創造力、好奇心與具有意義感的工作。「待在家裡的這些年重塑了我對自己的期望，」她說道：「我無法想像自己回到一個只注重獲利的工作環境。」辛希亞盡心竭力地創辦了一個非營利組織，旨在幫助婦女在育兒階段休養過後可以重新回到職場。這樣的工作與她自己有著很深的連結，也帶給她足夠的彈性，讓她可以去參加女兒的運動比賽。「我已經不再是生孩子之前的那個我了，」她在我們第一次會談時告訴我，「我關心的事情已經不再相同了。」對辛希亞來說，臣服於做母親的失敗，引導她走向價值感的重新定位，以及一份更深的意義與使命感。

與永恆無限的關係

重新定位自己的價值可能是當媽媽的禮物之一，有助於我們發展更成熟的心靈。然而，母職還有一種更基本的方式，讓我們與自己心靈有所連結。無論是否信仰特定宗教、或加入某些信仰體系，我們對自己在宇宙中的定位感，部分有賴於感覺到自己與某種比我們更大的事物有所連結。「對每個人來說，有一個至關重要的問題是：這個人是否與某種永恆無限的存在有所連結？」榮格曾在他的自傳中寫道，「那是一個對生命持續低喃的問題。」[5] 創造與養育一個新的生命，將會直直地將我們置於源源不息的生命之流裡，並讓我們親炙這份奇蹟。透過祖先我們與自身的過往相連，透過孩子與自身的未來相連，為人父母是人類與某種永恆無限聯繫起來的重要元素。這樣的經驗開啟了我們對於自己所處的社群、世界與地球的責任感。身為母親的經驗有助於我們更深刻地感受到自己是更大的、普世的宇宙中的一員。

新約《聖經》的聖母領報（Annunciation）中，大天使加百列向瑪利亞宣布，說她將受聖神降孕，並將誕下聖子耶穌。多個世紀以來，這一直是藝術家們熱愛的題材，我很喜歡這些畫作，畫中，瑪利亞常常看起來肅然敬畏、驚訝、謙遜——而有時候甚至是戒慎恐懼、嫌惡不悅的！這是一個與神聖性交會的震撼畫面，認識到母性的力量將讓我們走上生命全然不同的道路——與超個人力量的交會。現在，我們大多是在驗孕棒上驗尿而得知自己懷孕，從驗孕棒上的陽性反應開始，我們的生活逐漸轉變，也預示著將與更宏大的事物有所聯繫。

對某些女性來說，生產是一個難以描述的神奇事件，也可以給我們一種與永恆無限事物相連的感覺。它常常讓我們充滿喜悅、恐懼與敬畏，這些正是深刻的心靈體驗的特徵。世界各地的宗教都將生產的經驗描繪成聖祕的片刻，神話與宗教中最美麗的故事往往都與神聖嬰孩的神奇誕生有關，不論是釋迦牟尼佛、耶穌、印度教的黑天皆然。小說家蕾切爾．卡斯克（Rachel Cusk）曾活靈活現地描繪出她所經歷到時間交織的變化，「有某種改變確實發生了：我可以感覺到它，感覺到空氣的流動，感覺到時間開始從一條嶄新的支流上傾瀉下來，」她解釋道：「整個世界本身正在變化。」6

現今，自然生產運動背後的主要動力乃來自於渴望保留住生產經驗的神聖性。對許多女性來說，在無醫療介入的分娩與生產之中，有機會體會到造物者的原型，並與陰性面向的強大力量產生連結。許多女性可能不想追求自然生產，或因為生理因素而未選擇這個方式，然而即便是高度醫療化的生產程序，例如剖腹產，也可以擁有聖祕而神聖的體驗。

我女兒便是透過剖腹產誕生的。我躺在產台上，感覺著病房裡的冰冷與明亮，以及藍色布簾以下的腹部被拉扯著的奇怪感受。這一切好怪異、令人害怕，消毒藥水的氣味撲鼻，醫生們沙啞的聲音和電子設備的噪音都變得微弱或扭曲，好像來自很遙遠的地方。拉扯的感覺增強了，整個房間變得安靜，然後寶寶哭了，那是一種無法形容的甜美小哭聲，在那一刻之前，她在我心中都還只是一個假設性的存在，而那一刻，她就就那裡，真真實實的，扭動著，活生生的奇蹟——一個嶄新的生命。

新生兒保留了這種神奇的光芒。在女兒出生後幾天，我開始注意到她的氣味，從來沒人跟我提過新生兒的氣味，像是春日裡剛割完的草地的味道，但還要更加令人愉悅。彷彿她剛從「另外一邊」穿越過薄紗，仍然閃耀著部分永恆的聖光。威廉·華茲渥斯（William Wordsworth）曾在他著名的詩句裡描繪過這樣的美好：

我們並非全然忘卻
亦非赤身裸體

我們披著帶光的雲彩而來
那是神，是我們的歸所7

分娩時的經驗可能是充滿了狂喜、驕傲、喜悅或其他正向的體驗，如果我們對分娩體驗的期望沒有得到滿足，或者如果發生危及我們或寶寶的生命的緊急狀況，我們可能會感到恐怖、悲慟、憤怒與遺憾。無論什麼狀況，生產與產後的幾週內，母親很可能會觸碰到在日常生活與永恆無限之間的縫隙。在這樣的體驗後，我們很難不意識到自己是如何與更宏大的存在相聯繫的——無論這個更宏大的存在是新生命的奇蹟、抑或是恐怖的虛無——這是讓我們得以發展成熟靈性的重要要素。

初為人母並不是唯一需要我們費力理解自己在宇宙中的地位的時刻。在孩子長大並準備離家時，我們很可能會敏銳地感受到死亡的含義從未來滲透到身邊。當孩子成年、並也為人父母時，妳會體驗到時間之輪無法阻擋的轉動。妳回憶起自己在廚房的水槽裡放上浴盆、為新生兒洗澡的場景，看著他現在已經完全長大了，走向他的世界，迎接他的命運，妳感覺到自己也是生命輪迴的一部分。當然，不論是否身為父母，每個人都會面臨死亡，但母職特別以一種令人臣服與親密的方式，將我們與生死循環聯繫在一起。

意義與使命

對我的個案蘿拉來說，母職將她與「某種永恆無限」聯繫起來，令她的生活充滿了意義，彌補了她所承受的苦楚。蘿拉在童年時曾遭受嚴重的身體、性與情感上的虐待，在我第一次見到她時，我們面對面坐在一起將近一個小時的時間裡，她未曾與我有過一次眼神交流。她的手臂和大腿上佈滿了橫向的割痕，她告訴我，她之所以前來接受治療，是因為她早已反覆仔細思考過一些問題，最終她認定自己的生命是一種沒有任何救贖意義的苦難。自殺於她而言是一個相當理智的選擇，當她將這些想法告訴她男友時，她男友央求她在執行任何自殺計畫之前先尋求治療，她同意了。她承認，雖然她找不到任何不自殺的理由，內心仍有很大一部分其實並不想死。

接下來的幾個月裡，我費盡苦心想獲得她的信任，漸漸地，她開始與我分享童年的經歷。除了偶有幾個片刻我們短暫對視，她仍避免與我目光接觸。一天晚上，她走進我的辦公室，坐了下來，直直盯著我看。我立刻感覺到有些事情不一樣了。「我懷孕了。」她說，她立刻向我宣布，出於道德因素，她暫時不考慮自殺了。她覺得，現在自己懷孕了，自殺形同是殺死在她體內生長的嬰孩。在她看來，她沒有權力做這樣的事情。

我默默心想著，懷孕對她來說會很辛苦，因為她受過這些創傷，那時想必是非常不容易的。

然而，蘿拉也對她成長中的孩子有一份強烈的責任感，這讓她以一種健康的方式與生活聯繫起來，比方說她開始注重自己的飲食，以確保嬰兒會得到適當的營養。她能夠以一種她從未能夠給自己的照顧來照顧她的孩子。

儘管她很快地認為自己應該會把孩子交由他人養育，但有一天晚上，蘿拉向我坦誠，她開始考慮留下這個孩子。這是一個很重要的坦誠。即使在得知自己懷孕後，蘿拉也沒有完全放棄自殺的選項，懷孕只是暫時把自殺從檯面上移開來。然而，我知道，決定要保留這個孩子意味著將自己交付給生命，彷彿在她體內生長的嬰孩同時展現著她生命朝向未來延續的永恆意志。隨著腹中胎兒越長越大，開始佔據她身體更大的空間，並且需要從她身上汲取更多，蘿拉也越來越投入地滿足嬰兒的需求。

最終，蘿拉與男友留下了這個孩子，儘管出於她童年受虐的經歷，她會非常擔心自己不會是個好母親，不過蘿拉發現自己很自然地接受了母親的身份。她很愛兒子，照顧兒子也讓她很快樂。當然，也有一些黑暗的時刻，讓她感到快被淹沒，自殺和自傷的想法並沒有就此神奇地消失。關於養育孩子，她沒有能夠參考的模範，她覺得自己需要閱讀大量的育兒書籍，不過，她也感覺到即使不看書，自己也經常知道該怎麼做才對。

雖然她自己從未受到這樣的照顧，不過體會到某些原始的養育本能在她身體裡行雲流水般地流動著，這對她來說簡直是一份奇蹟。這種對自己的新體驗改變了她人格的核心，讓她萌生出對自己的信心，不僅如此，這個體驗帶給了蘿拉更為深刻的體悟，將她與世界連結起來。她一直認為自己站在正常人的生存疆界之外——嚴重受創的倖存者常會有這種感受。而現在，她發現自己與孩子、與其他母親——她身邊的母親和那些她曾遇過的母親——有了連結。

當了媽媽之後，她也在其他面向上與世界連結起來。當兒子剛學會走路時，被診斷出患有罕見疾病。她成了兒子強力的代言人，她有能力尋找並運用相關的資源。這個曾經無法與人眼神交流的年輕女性，現在卻能夠熟練地與醫生和保險公司打交道，她在網路上為其他患有這種罕見疾病的家庭尋找支持社群，並成為這些社群的重要一員。最後，宣傳倡議成了她一生的志業，即便在她兒子不再需要治療與支持之後，蘿拉依然繼續努力，增進社會大眾對這種疾病的關注，並代表其他家庭為研究與治療募集資金。

對蘿拉來說，成為母親的經歷將她與「某種永恆無限」連結起來，帶給了她一種超越自身的意義與使命感。儘管身為母親絕對不是一個人與更大事物相連結的唯一方式，然而從本質上來講，照顧孩子是一種照顧未來的方式，即便是我們看不到的未來。對大多數的人來說，它將是我們能夠為人性的永存產生貢獻的重要方式，允許生命透過我們、並超越我們而得以向前延伸。透過這個方式，我們成為某種無限浩瀚中的一部分。

小鰷魚與大鯨魚

玻里尼西亞人有一個諺語，巧妙地捕捉了存在的雙重本質：站在大鯨魚身上釣小鰷魚。大多數時候，我們的生活都聚焦在那些充斥著日常的瑣事上——小鰷魚，只有在很少數的狀況下，我們才會瞥見支撐著我們的巨大、令人敬畏的、先驗性的現實——大鯨魚。榮格曾說，我們一直都是身處在兩個世界之中：我們感官的日常世界、以及一個永恆的世界。

成為母親的獨特之處在於，它讓我們能在這兩種覺察上擺盪——日常與永恆無限之間，小鰷魚與大鯨魚之間。母職中有那麼多日常瑣事，是如此平凡乏味，讓我們大多數時間都埋頭在這個平凡無奇的生理意識層次上。然而，有一些來自另一個層次的意識會頻繁地撞擊我們，可能會打斷這些枯燥乏味的工作。我們一瞬間暈眩地瞥見了時間如何快速地飛逝，我們歷經了一些極致的情緒，例如憤怒或喜悅，那將我們從日常的覺察中敲醒。我們被孩子與自己如此根本的差異所震撼。有一則美麗的印度神話故事捕捉到這兩種狀態間獨特的擺盪，呈現出這種體驗是多麼古老而普遍。

吃泥土的黑天

當偉大的印度神明黑天還是個孩子的時候，祂和祂的養母雅首達、哥哥大力羅摩住在一起。有一天，大力羅摩向母親告狀說黑天在吃泥土，雅首達擔心祂的安危，便拉起祂的手，嚴厲斥責祂。

「你為什麼要吃泥土？」她問祂，黑天看向她，眼睛因為害怕而睜得大大的。祂否認自己有吃泥土，雅首達要祂張嘴讓她檢查。

男孩張大了嘴巴，祂母親往裡面一看，看到了太陽、月亮與星辰，看到了整個地球上的山脈、湖泊與海洋，她看到了萬物的創生，宇宙、火焰、空氣、流轉的星系，她看到了時間的結構往四面八方延展。

過了一會兒，黑天以母愛的形式向祂母親傾注了幻象之力，她的記憶便立刻被消除了，她把小黑天抱上雙腿，心中溢滿強烈的愛。

這個古老的故事捕捉到了與年幼孩童相處的雙重本質。我們還固著在這個成人意識的世界裡，處理家務、追趕著正要把樂高放進嘴裡的孩子，而下一刻，我們卻因為孩子的一句話或一件事而被帶入了與神性和永恆無限的交會中。如同格魯斯卡普，雅首達認為自己能夠主掌自己年幼的孩子，也如同格魯斯卡普，她的確定感與控制感在與孩子的互動中被動搖了。

我第一次讀到這個故事的時候，我的兒子還是一個像黑天一樣不經世事的小孩，他總是拿了東西便往嘴裡塞，我經常要他張開嘴，讓我檢查一下，免得不小心噎到了，「你嘴裡有什麼？」每當我有疑慮時，便經常要他張開嘴巴，光是一天之中，我就可能問他好幾次。（「牙齒！」他有時候會這樣回答我）接著，會發生某些事情，突然將我從日常生活的慣性中抽離出來，我會感到一陣暈眩，發現他成長得有多麼快。在一瞬間，我意識到生命的甜蜜脆弱、以及它的迅速流逝，這份酸楚令我感到心裡一揪——體會到大鯨魚——然後那一刻曇花一現，我又回到了現實，擦著廚房地板上灑落的通心粉和起司，我又回到了小鰷魚的魚陣之中。

身兼母職與作家的波利．貝里恩．貝倫斯（Polly Berrien Berends）曾做過一個夢，夢中也呈現了現實的兩個面向，並體現了平凡尋常是身為母親的心靈之旅中不可避免的部分：

> 有一次我做了個夢，在夢中我將獲得一份心靈老師或領導者的文憑。一共有兩個將被授與這樣的證書的人，除了我，另一個是個男人——史旺密巴巴古魯利許羅許拉索安德索（Swamibabagururishiroshirabbisoandso），他身穿五彩繽紛的長袍，手裡握著滿滿的學位與文獻。要取得文憑，

> 他只需要往前站上去，展現出他長長的頭銜、飄逸的長袍與豐富的資歷就好了。然而對我來說，眼前有堆得像山一樣高的髒衣服，要取得我的文憑，我必須要先翻越過這一大座衣服山。[8]

這個夢傳達出了一個重要的智慧，心靈覺察的本身有可能讓我們陷入膨脹以及與日常生活不健康的脫節之中。先驗性的覺察必然是立基於生活中不完美的、普通平凡的事務之上，這可不是為了對抗生而為人的渺小感而有的美化說詞。在日常與永恆無限這兩種視角交替之下，我們逐漸習慣把自己看作是個有三件衣服要洗的普通人，同時也是巨大的存在連鎖中的一環。我們的行為可以具有雙重意義，一方面是在家庭層面上的日常現實中生活——小鰷魚，另一方面我們也意識到自己每一步底下的先驗本質——大鯨魚。

整合

因此，母職邀請我們將心靈意識建立在日常的、具體的現實中，體現出自身的兩個面向。這種整合可以創造深刻的意義感與使命感，因為我們體驗到日常生活以一種深刻的方式與宇宙的共鳴有了呼應。

對於天主教社會運動家暨記者桃樂斯·戴（Dorothy Day）來說，母職也引發了同樣的感受。

戴出生於一八九七年，是天主教工人運動的創始人之一，她不懈地為了貧窮階級的社會正義奮鬥，直到一九八〇年逝世。於今，天主教教會正在考慮要將她封聖。

身為一名年輕女性，她的宗教生活遠遠優先於她自己。十幾歲時，她離開了大學，搬到了曼哈頓下城，替社會主義刊物撰稿，為了提倡婦女選舉權發起罷工而被捕入獄，並且與尤金·歐尼爾（Eugene O'Neill）及幾位著名的共產主義者結識。她過著波希米亞式的生活，與諸多男性交往，在她二十四歲時懷了孕，做了流產手術，並認為自己因此再也無法生育。她曾有過一段短暫的婚姻，然而這段婚姻最終不歡而散。在三十歲前，她有了一段新的關係，並發現自己渴望有小孩。

雖然她很擔心自己不孕，然而卻懷孕了。整個孕期之中，戴開始越來越投入教會，她每天祈禱，越來越相信要在天主教堂受洗，也要讓她的孩子受洗，然而，她知道這代表她將和她的丈夫——孩子的父親——結束關係。

正是因為成為了母親，戴才開啟了狂喜的體驗，最終也讓她打開了對於永恆無限的知覺。「沒有人能夠接收並感受到如此龐大的愛與喜悅的流動，這份愛與喜悅是我在生了小孩之後才感覺到的。伴隨而來的是崇拜與敬仰的需求，」[9]戴在她的自傳中如此寫道。孩子的出生，成了讓戴決定受洗成為天主教徒的關鍵因素，成為母親之後，戴的宗教信仰與政治社會運動的立場都變得更加鮮明而聚焦。

柯羅諾斯與卡伊洛斯

通過時間這個主要媒介，我們在為人父母時體會到了存在於雙重性之間的擺盪，「分秒膠著，而又歲月如梭」的感覺大概就是一例。在孩子還年幼時，我們可能會覺得時間一下子快速飛逝、一下子又度日如年，光是在一天之中，可能就會感覺這兩種狀態來回交替許多次。在我的兩個孩子都還在學步期時，我記得我將每半個小時看作一個單位，例如我會想著要怎麼樣才能度過接下來的半小時？然而，我也經常因為感受到時間轉瞬即逝而感慨萬分。

嬰兒與幼兒成長得如此之快，以至於我們突然以一種痛苦且直觀的方式面對時間的流逝，彷彿突然能感覺到地球在軸心上的旋轉。在我有了孩子之後，時間就變得像一條河，我在河裡游泳，卻感覺不太到它的流動。有那麼一些時刻，我意識到某些過往發生的事件似乎是在比我所感覺的更久以前發生的，這讓我驚奇地意識到，時間確實在往前流逝。然而，大多數時候，這條河流是如此之深、如此之廣，以至於我幾乎沒有注意到它在緩緩流淌。

一旦我有了孩子，我與時間的關係就改變了。在每天的大部分時間裡，我都在想著我該如何才能熬到睡覺時間。我渴望睡眠，渴望擁有屬於自己的時間，而同樣強烈的是，我也希望這些日子能持續下去。孩子們的童年就像湍急的河流，從我的身邊匆匆湧向未來，是那麼地快速。

希臘人將時間擬人化為偉大的柯羅諾斯（Chronos），在希臘羅馬的馬賽克畫作中，祂被描繪成一個黃道帶上不停轉動的輪子。當我們當了爸媽，柯羅諾斯悄悄地跟隨著我們，在收拾特殊節慶的裝飾品、整理孩子穿不下的衣服時，在我們耳邊訴說著時間的流逝。然而，希臘人對時間有另一種看法，即卡伊洛斯（Kairos），祂是轉瞬即逝之時間的神。母職的經驗之中，也充滿了卡伊洛斯這樣的時刻，當我們在陽光燦爛的秋日午後，帶著孩子一起在樹林中散步，或者沉浸在把新生兒抱在膝上、看著他安然熟睡的幸福之中時，我們彷彿進入了一種永恆的狀態。如果說柯羅諾斯指的是普通平凡的、日常覺察的、小鯀魚的，那麼卡伊洛斯指的便是我們與永恆無限和大鯨魚交會的能力。

心理學家黛芬妮·德·馬妮菲（Daphne de Marneffe）在她《母性欲望》（*Maternal Desire: On Children, Love, and the Inner Life*）一書中，優美地描繪了一段卡伊洛斯的時光：

某個寂靜的早晨，當其他人都去了公園，我獨自與孩子坐在一起，聽著她睡在我腿上時發出新生兒獨有的呼吸聲，後來又聽著她抽鼻子、餓了時吸吮的聲音。我可以聽見街道上電線上方鴿子在咕咕咕地叫著，以及更遠處山下傳來的烏鴉叫聲。窗外掛著一張蜘蛛網，陽光從網上撒下，等會兒孩子們看見它時大概就會把它弄壞了，還有蝴蝶，牠們飄然耀眼的生命是以日計算的。再也沒有什麼比我此刻的體驗更充實的了，生活最甜美的莫過於此。與此同時，還有一份痛楚，「沙粒輕輕滑落時發出的沙沙聲」，以及我的孩子酣睡的呼吸聲，那種美麗、渴望與時間的陣痛，以及每一刻無法承受的脆弱與超乎尋常的難能可貴。10

德．馬妮菲用「懷舊此刻」一詞來描述這種處於當下、感受時間的沙粒悄然滑落的知覺。雖然當孩子仍是嬰兒或幼兒時，這種痛楚往往更加強烈，因為他們成長的速度和變化如此之快，然而，這種痛楚從未離開任何人。孩子們生命中的感性時刻不斷提醒著我們，時間之流不容我們阻擋，並讓我們想起卡伊洛斯。

克麗斯廷．范．奧格特羅普（Kristin van Ogtrop）是散文家、雜誌編輯與母親，在《親愛的阿提拉，我回來了》（*Attila the Honey I'm Home*）一文中，她記錄了自己的工作，雖然任務艱鉅、壓力沉重，然而對她來說，比起在家裡跟兩個小兒子待在一起，這些都不算什麼。她最主要的困境與時間有關，范．奧格特羅普大部分的時間都花在柯羅諾斯的時間上，並在那當中感到安適。她抗拒掉入卡伊洛斯的時間之中，儘管她明確地感受到時間沙粒的流逝。

> 我很擔心會變成這樣：我會愛我的孩子，可是我對他們的愛並不完美，會被我僵化的人格、以及工作的需要給破壞了。當他們在草叢裡發現蟬時，我卻總是無法與他們共享這份喜悅，因為停下來讚嘆這隻蟬會讓我錯過早班車。……歲月不停流逝，歐文（Owen）和雨果（Hugo）也在長大，而我一直夢想著直到某一天，我可以放鬆地走到門口。

> 我渴望有一天，我不會因為快要遲到了而對我的孩子們大吼大叫……因為在我感覺到之前，我的兒子們就會長大了。房子一塵不染，我也將是如此：無論是在工作上、或是在家裡，都很好，很平靜。四隻小腳在床上跳上跳下的，這將是一個遙遠的記憶，而像發現蟬的這類事情將失去魔力，我的孩子將永遠不復存在。[11]

成為母親就是帶著對於時光流逝的強烈意識生活著。有一些女性意識到自己之所以再生一個孩子，某部分原因是出自想要戰勝時光的慾望，想要推遲它無法攔阻的流逝。如果有一個新的嬰兒出現在這個世界上，那麼前方就會有更多的生活在等著我們，另一個小孩可以讓我們在懷孕和哺乳時期帶來的漫長歲月中，稍微讓自己延宕個幾年。另一方面，宣佈自己不再生育，形同是繞過人生的轉角，看見前方漫長的回家之途，承認生命不可阻擋地邁向衰老和最終的死亡。當然，到頭來總會有那最後一個孩子，無論是第一個、還是第五個。帶著原初的悲傷，我們轉身看到生命中的這一部分迅速退回了過往，哀悼再也不容推遲。不論我們是在嬰兒把玩具扔在路邊時、或是在孩子離開學校的那一天，才開始允許自己感受到它，才讓我們自己堅強起來，其實悲傷從一開始就已然存在，而且未曾離開我們。

時間是我們無可避免必須服從的，儘管大多數人都在生活中試圖避免意識到這個事實。為人父母，經常提醒著我們孩子年幼的時光正在消逝，使得時間那無可攔阻的流逝明擺在眼前。

還有一個更重要的里程碑在等著我們——孩子離家的那天。「天文學家早已宣告，我們的太陽和所有的恆星都將會耗盡燃料，劇烈爆炸，而後變得寒冷且黑暗。物質將會消散到虛無之中，而宇宙將會在接下來的時間裡變得荒涼。」邁克爾・格爾森（Michael Gerson）在二〇一三年於《華盛頓郵報》上發表的文章中如此寫道，這篇文章描寫著他兒子去上大學，而他以上面這段文字開始描繪起。

他接著寫道：

這是在送我們大兒子去上大學時，我與我太太共同的感想。我臉上掛著愉快的表情，然而這是迄今為止時間對我做過最糟糕的事。在宿舍的那一刻，彷彿也代表著在幼兒園的門口、在夏令營的門口、以及每一座離別與獨立的里程碑。它的到來就像小偷，令人意想不到，竊走了你最珍視的東西。12

「這是迄今為止時間對我做過最糟糕的事。」時間之神柯羅諾斯不可避免地背叛了我們，無論我們以為自己向生命討了什麼樣的條件，時間仍是最終的贏家。雖然有了小孩帶來了一種延續的感覺，一份嶄新的生命從我們的生命主幹上分支出去，然而在孩子離家時，我們卻不得不意識到自己勢必得放棄對未來的掌控。在我們離世後，它依然存在。

當孩子長大了、搬走了，我們看到他走向人生的舞台，廣闊的視野向四面八方延伸。同時，我們也意識到廣闊的地平線也在我們身後延展著。對於前方將有什麼樣的事物，我們所知有限。我們最偉大、最有意義的冒險之旅現在已經接近尾聲，這是一個重大的、無可逆轉的、突如其來的結束，正如同格爾森所寫的，「行星都被拋離了它們的轉軸。」13

就像很多養育孩子的工作一樣，孩子的離家也讓我們面質了有限性與侷限性。我們了解到自己與他們共有的時間是有限的，我們在他們生命中的份量也是有限的，而且今後將會越來越有限。我們也會發自內心地經驗到自己所擁有的時間是有限的。當直接面質生命必然的極限時，我們可能會透過轉移注意力來因應這份令人痛苦的理解。然而，如果我們允許的話，這樣的經驗將讓我們更清楚地專注在對我們最重要的事情上，推動我們依循深深相信的價值去生活。

為人母親，我們把雙腳放在自己的死亡之火上。它向我們揭示了時間齒輪的快速轉動。透過這種方式，它可以讓我們每天接觸到榮格所說的「核心之火」(central fire)——對我們存在的基礎、永恆世界的當下覺知。出於這個原因，母職可以成為偉大的心靈導師，邀請我們進入與「永恆無限的存在」更深厚的關聯中。

針對求取超越，可以反思……

1. 格魯斯卡普從來沒有遇過他無法戰勝的敵人，直到他遇到了一個嬰兒。對於某些女性來說，照顧嬰兒是自然而然的事，然而有些女性的感覺更像格魯斯卡普。對妳來說，家庭以外的工作是否比當媽媽更容易呢？為什麼呢？在妳當媽媽的經歷中，妳是如何感覺到被打敗的？

2. 格魯斯卡普不論做什麼，都無法讓嬰兒服從他。養育小孩需要我們培養一種與解決工作挑戰時全然不同的狀態。在妳養育小孩的過程中，妳發現哪些態度是沒有幫助的，甚至會弄巧成拙的呢？妳是如何發現這些態度對妳沒有幫助的呢？

3. 如果妳在當媽媽的過程中曾有過被擊垮的經歷，妳是如何應對的？它如何改變妳呢？在妳成為媽媽之後，妳的價值觀有什麼調整或轉變呢？

4. 不論是格魯斯卡普或雅首達，都被一個年幼的孩子打敗了。妳的孩子在哪些方面讓妳意識到了妳以前所不知道的極限呢？

5. 雅首達經歷了從極為尋常的日常時刻，到心靈覺察的極致時刻。這樣的事情也可能發生在我們身上，特別是當我們有小孩的時候。在照顧小孩的過程中，妳是否有過在這種極端狀態之間擺盪的經歷呢？如果有，這種經歷是如何改變妳的觀點的呢？

6. 雅首達透過她的孩子窺見了永恆無限。有了孩子之後，妳與時間的關係有什麼樣的變化？這如何改變妳對自己心靈的思考呢？

7. 成為母親後，妳對心靈的體驗有什麼變化？妳與時間的關係有什麼變化呢？

1. 編註：阿爾岡昆（Algonquin）是北美印第安人的一個部落。
2. 原註：Rainer Maria Rilke, Selected Poems of Rainer Maria Rilke: A Translation from the German and Commentary, trans. Robert Bly (New York: HarperCollins, 1981), 107.
3. 原註：C. G. Jung, C. G. Jung: Letters, vol. 2, 1951–1961, ed. Gerhard Adler, trans. R. F. C. Hull (New York: Routledge, 1976), 525.
4. 原註：榮格（C. G. Jung）《榮格全集》（*The Collected Works of C.G. Jung*）第 14 卷，Mysterium Coniunctionis, trans. Gerhard Adler and R. F. C. Hull (Princeton, NJ: Princeton University Press, 1970), para. 778.
5. 原註：榮格（C. G. Jung）與安妮拉・亞菲（Aniela Jaffé），《榮格自傳：回憶・夢・省思》（*Memories, Dreams, Reflections*），劉國彬、楊德友譯。（台北：張老師文化）。二〇一四年。
6. 原註：Rachel Cusk, A Life's Work: On Becoming a Mother (New York: Picador, 2001), 42.
7. 原註：WilliamWordsworth, Selected Poetry of William Wordsworth,ed. Mark Van Doren (New York: Modern Library, 2002), 521–22.
8. 原註：Polly Berrien Berends, Whole Child/Whole Parent (New York: Harper & Row, 1987), xiii.
9. 原註：DorothyDay, *The Long Loneliness: The Autobiography of the Legendary Catholic Social Activist Dorothy Day*）(New York: HarperOne, 2017), 139.
10. 原註：Daphne De Marneffe, Maternal Desire: On Children, Love, and the Inner Life (New York: Little Brown, 2004), 313.
11. 原註：Cathi Hanauer, Ellen Gilchrist, and Kristin van Ogtrop, "Attila the Honey I'm Home," in The Bitch in the House: 26 Women Tell the Truth about Sex, Solitude, Work, Motherhood, and Marriage (New York: Perennial, 2003), 169.
12. 原註：Michael Gerson, "Saying Goodbye to My Child, the Youngster," Opinion, Washington Post, August 19, 2013, washingtonpost.com/opinions/michael-gerson-saying-goodbye-to-my-child-the-youngster/2013/08/19/6337802e-08dd-11e3-8974-f97ab3b3c677_story.html.
13. 原註：Gerson, "Saying Goodbye to My Child."

第八章

求取創造力

唯有在我們的創造性行為中，我們才走向光明，並以整體而完整的方式看待自己。

——榮格，《榮格全集》第8卷

女孩到井底走過一遭之後，從她帶回家的小匣子裡掉出各種琳瑯滿目的寶物，也許其中有一種是創造力？母性與創造力之間有著相當複雜的關係。無論我們是在一個需要創造力的場域工作、或者需要執行創造力，在人生中迎接孩子的到來，都很有可能嚴重打斷我們的靈感。在孩子年幼的時候，睡眠不足、無時無刻要滿足小孩的身體需求，這可能會讓我們幾乎沒有辦法找到從事創造活動的時間。當小孩長大一點了，則要忙著按表操課、接送他們去各種活動，這會佔據我們許多時間。如果我們在家庭之外還要工作，那麼要從事創造性工作可能就更加困難了。小孩、伴侶與工作往往會被我們擺在優先位置，而我們自我表達的需求就會被排在待辦清單的尾端，得不到滿足。

母職的重擔

古往今來，社會總是百般阻撓女性從事藝術工作，那些走上創造性道路的女性往往沒有孩子。雖然有一些著名的例外——浪漫主義時期的重要德國鋼琴家克拉拉．舒曼（Clara Schumann）就擁有八個孩子——然而，大多數有成就的女畫家、小說家與音樂家都沒有成為母親，這讓人懷疑創造性的生產與為人父母是否只能選擇其一。諷刺的是，以對母親和孩子的細膩觀察而聞名的印象派畫家瑪麗．卡薩特（Mary Cassatt），她在人生早期就決定了，婚姻與她想要成為畫家的野心是互相牴觸的。

令人欣喜的是，在過去的半個多世紀裡，女性的生活發生了很大的變化，讓我們更容易追求創造性工作的抱負，雖然投身於創造性工作——即便是兼職——會需要一定程度的經濟基礎，而這不是所有母親都有的條件。如果母親在照顧孩子的同時，還需要工作養家，就不太可能空出時間來從事創造性工作。能夠過著創造性生活，確實是一種特權。然而，即便是社會已經有了支持女性發展專業的風氣，擁有這種特權的女性要同時身兼母親與一個有創造性的人仍然是不容易的。對美國詩人黛安·梅塔（Diane Mehta）來說，孩子的到來一時間窒塞了她的藝術生活。

大多數有孩子的女作家都在默默地與內心的衝突奮鬥，在可以的時候遁入內在幾個小時，盡可能地為自己騰出時間。然而，有些人——像我自己——就放棄了。……在我兒子出生後的前三年，我該做的幾乎都做了：我辭掉工作、照顧孩子、舉辦小孩們的聚會、每晚念半個小時的床邊故事、慢慢哄他入睡。在將近七年的時間裡，我停止了寫作、疏遠了大多數的朋友，現在回想起來，我那時是一個悶悶不樂的殭屍，遊走在生活與親職之中，我心中掛著憂慮不安，這顯然與其他歡欣鼓舞的母親們形成了對比，她們推著巨大的嬰兒車，在這座形同嬰兒製造機的公園裡頭。1

為了母親的身份，讓一個女人遠離了她的藝術創作，這使得多少樂曲沒被寫出來？又有多少畫作沒被畫出來、或詩與小說沒被寫出來？小說家芭芭拉·金索沃爾（Barbara Kingsolver）告訴我們，詩人露西爾·克利夫頓（Lucille Clifton）曾被人問及為什麼她的詩都這麼短，她的回答是「我有六個小孩，而我的記憶力只能維持二十行直到一天的結束。」2因為需要有人肩負母職，整個世界的藝術寶藏一定有了相當驚人的損失。

雖然如此，身為人母仍讓我們更認識自己。當我們更了解自己、更熟悉我們來之不易的韌性，我們也許就會發現自己不得不以某種方式表達我們的內在真實。母職蠻橫地重新組織了我們處事的優先順序，對一些女性來說，這代表需要特別去爭取從事創造性工作的時間，並犧牲其他曾經佔據她們時間的次要事項。

在我完成分析訓練之後，我清楚意識到，寫這本書對我來說有多麼重要。我從小就想要寫作，當我剛成年、要決定未來職涯時，我把這份願望先放在一旁，認為它不切實際。我還覺得，作家一定都擁有非比尋常的天份——我在自己身上看不到這份天份，也覺得這是我強求不來的。在往後的二十年裡，我過著自己的生活、發展事業、取得幾個文憑學位、結了婚、生了孩子，並接受分析訓練。對於寫作的熱忱不會遠離，我的衣櫃裡藏了不只一部未完成的小說草稿，然而，我從未讓自己認真地投入在寫作之中。

幾十年以來，寫作的願望如同火焰的餘燼，小心翼翼地持續在我的生命中燃燒著。伴隨在這份願望左右的，是恐懼自己力有未逮，這讓我從未真的追求這個成為作家的夢想。考量到生活上的實際面，讓我更加迴避這個夢想。我需要謀生，而我總是把自己的一切完全投入在每件工作上，在一天結束時再也沒有任何東西可以留給寫作。我需要完成研究所的報告，而這些報告總是會無限膨脹，填滿生活中其他還可以運用的空間，甚至再多佔用一些。此外，我總是必須要、永遠都要去照顧孩子，事實上，孩子是迴避心靈創造性需求的完美藉口。

在我還年幼時，我母親對戲劇非常感興趣，她在地方上的一個劇團當志工，只要有演出她便把握機會去看，她也閱讀和重看了許多偉大的劇本。最後，她開始寫自己的劇本，每週搭車到紐約去上課。她收到了很鼓舞人心的回饋意見，然而，最終她還是把草稿放進抽屜裡、把夢想放到書架上。她告訴自己——也告訴我們——她無法追求成為劇作家的夢想，因為她把當母親擺在第一位。

榮格分析師吉姆·霍利斯（Jim Hollis）寫道：「我們每個人都與自己有一場約會，而我們大多數的人從未真的赴約。」[3]我很同情我的母親，她需要用孩子當成藉口，來逃避與自己的約會。在她所處的世代、所處的生活處境，克服恐懼與自我質疑都非常困難。我走的道路比較容易一些，然而我也面臨了與我母親相同的困境，並且必須為此奮鬥。當我的孩子還年幼的時候，我深受某種恐懼所侵擾，那份恐懼是我無法以我想要的方式照顧他們、同時實踐我的創造潛能。儘管我的生活與母親的生活截然不同，然而，似乎仍有一股延續的暗流，讓我相信悲劇性的犧牲可能無法避免。我必須要有意識地努力解開這個結，必須創造一個我想要的生活樣貌——其中，我與孩子們擁有深厚而溫暖的連結，同時我也擁有充滿意義的工作與創造性地追求。

讓目標更明確

在我完成訓練時，孩子們還年紀很小，我有一項正在快速發展的專業。然而，我想要寫作的願望並沒有消滅。這種慾望帶來的心理壓力讓我非常不快樂，然而，它也吸引我把注意力集中在對我來說重要的事情上。我不得不向自己承認，如果寫作是重要的——我知道它確實是重要的——那就得由我來為它騰出空間。我不能拿孩子來當成不創作的藉口。母職、工作與心靈的創造性需求相互競爭，對於要如何使用自己的時間，我變得有些無情——這不是壞事！我放棄了針織，園藝也被我擱置一旁，我只花時間與重要的朋友待在一起，我不再看那些我從不真的愛看的電視節目。我允許自己不把舉辦一場精緻的晚餐聚會當成責任，我將每天大部分的時間都花在照顧、陪伴孩子，我放棄了所有與我深層目標不相符的自我期待。

就某種意義來說，作為一個母親需要花費龐大的時間，這迫使我好好發揮、並認真對待自己的創作慾望。別無他法了，如果沒有徹底投入於寫作，便形同我捨棄了所有創作的能量。因此，我的焦點更加清晰明確了。我如饑似渴地緊緊抓住一切可以運用的時間碎片。幾年下來，我的寫作時間大概落在我兒子每週的西洋棋課上，不過也因為這樣，我確保了自己每週至少會寫作一次。

芭芭拉·金索沃爾會寫道，身為母親如何讓她更聚精會神，並迫使她盡可能地更有效運用時間。她將自己的寫作習慣與其他沒有小孩的作家相比。

當我聽到有些作家為了要讓自己進入寫作狀態而進行的儀式時，我的下巴簡直要掉下來了。……黛安·艾克曼（Diane Ackerman）在每年夏日到來時，會「花上大約一小時的時間，像在靜心一樣地挑選和排列鮮花」，她沉浸於聆聽音樂，接著快走約一小時，每天都這麼做。「我不確定這樣做是否真的有幫助，」她在《感官之旅》（*A Natural History of the Senses*）中承認，「我的繆思之神是男性，有著月亮一般璀璨的銀色肌膚，而且從不直接跟我說話。」

我的繆思之神反戴著一頂棒球帽。我女兒一上校車，他就大搖大擺地走到我身後，肩上扛著一根球棒，直截了當地說：「好啦，女作家，在那輛校車開回來之前，妳有六個小時的時間。妳可以坐下來寫作，現在開始，或者，妳可以考慮找一份白天的工作。」[4]

照顧小孩的迫切性可以讓我們像雷射那樣聚焦於首先要做的事情，我們也許會像保護親生子女一樣地，強悍地保護我們的創造性，在其他需求面前為它們兩者爭取份量。有一篇廣受喜愛的童話故事也著墨於這個主題。

小矮人龍佩爾施迪爾欽

在一個貧窮的磨坊人家裡，有一個漂亮的女兒。有一天，男主人碰巧遇到了國王，為了讓自己看起來風趣而有份量，他向國王誇口，說自己的女兒能把稻草紡成黃金。國王對此很感興趣，並命令當天就要召見他的女兒。

磨坊的女兒進到皇宮裡，國王把她帶到一個堆滿稻草的房間，房間中間坐著一架紡車。「開始工作吧，」國王向她說，「清晨之前，如果妳沒有把這些稻草全部紡成黃金，我便將妳處死！」丟下了這段話，國王便離開、關上了門。

可憐的女孩不知道該怎麼辦，她不知道如何把稻草紡成黃金。最後，她坐下來，開始哭泣。這時，一個小矮人出現了，他問：「磨坊的女兒呀，妳怎麼會哭得這麼傷心？」，女兒把她遇上的困境說給小矮人聽。「如果我為妳紡紗，妳拿什麼報答我？」他問，「我的項鍊，」她回答道，他點了點頭，她便把自己的項鍊交給他，於是他開始工作了。一個接著一個，他把紡軸上都填滿了閃亮亮的黃金，當早晨到來時，國王又驚又喜地看見磨坊的女兒獨自坐在成堆的金線中。

然而，那天晚上，國王把她帶到一間更大的房間，裡面裝滿比前一天晚上更多的稻草，國王再度命令她紡紗，否則就要將她處死。與前一天晚上一樣，磨坊的女兒淚流滿面，之後小矮人再次出現，問她發生了什麼事。「如果我為妳紡紗，妳拿什麼報答我？」他問，「我的戒指，」她回答道。一達成交易，小矮人便開始像前一天晚上那樣工作。

再一次，早上國王來時，再度滿心歡喜。然而，他只想得到更多的金子，於是在第三天晚上給了磨坊的女兒還要更多的稻草。不過這次，他承諾，如果她能第三度紡這些稻草，他便會娶她為妻。

這一次，當小矮人問她能給什麼作為報答時，磨坊的女兒回答說自己已經沒有什麼可以給的了。「那麼妳答應我給我妳第一個生出的孩子，」小矮人說。磨坊的女兒嘆了一口氣，然而她心裡想，誰知道這會不會發生呢？於是，她便答應了。像以前一樣，小矮人迅速地工作，把所有線軸都裝滿了金線。第二天早上，國王像以前一樣高興，開始準備這場婚禮。

一年過去了，新王后生下了一個兒子。在小矮人出現之前，她已經完全忘記他了，當他出現，他向王后索討她曾答應送給自己的東西。王后嚇壞了，苦苦哀求小矮人讓她留下兒子。小矮人憐憫地看著她，說：「我給妳三天的時間，如果妳可以在這段時間內猜出我的名字，妳就可以留下妳的孩子。」

當天晚上，王后花了一整個晚上的時間，列出各式各樣的名字。隔天早上，在小矮人出現時，她把這些名字全試過一遍，然而他都只是簡單地回答：「那不是我的名字」。第二天的情況也差不多。第三天晚上，王后派她忠誠的女僕去尋找新的名字。女僕帶了一個詭異的故事回來稟報：在森林裡，她看到一個小矮人，在火堆周圍跳來跳去，一邊唱著：

明日我釀造，今日我烘烤，
然後我便能帶走孩子，
因為王后根本想不到
龍佩爾施迪爾欽就是我！

可想而知，王后聽了這個消息非常高興。第三天，當小矮人回來時，王后猜到了他的名字就是龍佩爾施迪爾欽，小矮人一氣之下把自己撕裂成兩半，從此杳無音訊。

這個貧窮的磨坊主人利用他美麗的女兒來抬舉自己的重要性，而這麼一來，他把女兒至於致命的危險之中。因此，這個故事乃是關於父親所造成的傷害——父親創傷，以及他對女兒心靈產生的影響。在我與女性的工作中，我一次又一次地看到父親創傷會如何抑制女性發揮自己創造的潛能。

魔鬼般的創造力

如果我們從小就表現出創造力上的造詣，父母卻以我們的能力來當作交易的籌碼，我們便可能會遠離天賦。處於這種情境的孩子可能會感到巨大壓力，如果他開始相信父母的愛與認可取決於自己的成就，那麼他會感覺被迫追求完美主義。他的創造性追求成為一種永無止盡的成就追求，他們會有一種壓力，夾帶不愉快的成份，而非以遊玩或快樂的心境進行。彷彿創造力不再屬於孩子，而是以某種形式屬於父母。這麼一來，創造力便會帶有一種魔鬼般的感受。

代蒙（daimon）一詞來自希臘語中的惡魔，意指驅動人類要不是走向自我毀滅、要不就是走向自我實現的一種超個人力量。它與惡魔（fiend）的概念有關，但也與那會鼓舞、激勵偉大藝術創作天才的自主心靈有關。柏拉圖在《理想國》（*Republic*）一書中記載了一則厄爾神話（Myth of Er），述說著每一個人類靈魂在出生之前都被賜予了一個獨有的代蒙。這個代蒙選擇了一個屬於我們的形象或模式，並讓我們在一生中活出這個樣貌。儘管我們忘卻這個召喚，然而我們的代蒙卻記得。因此，代蒙扮演著我們命運的承載者。

小矮人龍佩爾施迪爾欽就是一個如此的邪惡創造性惡魔——或魔鬼。他似乎「記得」磨坊的女兒所擁有的、連她自己都不知道的巨大才能。他能夠完成創造性天才的驚人壯舉，不過與此同時，他也折磨著他所服侍的靈魂。研究動機與熱忱的學者也許已經闡述了創造性惡魔的一個面向，社會心理學家羅伯特・瓦勒朗（Robert Vallerand）與他在魁北克大學蒙特婁分校的同事們針對大學生進行了研究，想要了解他們喜歡從事什麼樣的活動。從研究結果看來，數據形成了一種區分，他們稱之為「和諧性熱情」（harmonious passion）與「強迫性熱情」（obsessive passion）[5]。當處於強迫性熱情之下，這個人失去了他對於正在從事的活動的控制，他以一種有壓力的方式在做這些事，從中尋求自尊或社會接納。有時候，他是因為無法控制的衝動而去從事這些事情，他可能會發現他對自己的感受已經被他的熱情支配了。在某種意義上來說，他的創造性努力已經成為一種癮。這即是對創造性惡魔的描述。

磨坊的美麗女兒沒有接觸到自己的創造潛能，它似乎完全存在於她之外，她只能按照別人的要求，去提供他人利益。龍佩爾施迪爾欽即是她被分裂的創造力的人格化形象。這個魔鬼在道德層面上顯然具有矛盾性，首先，他在女孩哭泣時出現，在正確的時刻及時出手相救，然而卻威脅要奪走她的一切。從事創造性工作反而讓她枯竭，而他人則因此受益——她必須放棄自己所擁有的一些東西，甚至包括她尚未出世的孩子，同時，國王也因為她而變得富有。

將稻草紡織成黃金，這無疑是童話世界中最可愛、最詩意的比喻之一了。它暗示了鍊金術師的奇妙術法，他們試圖將一些基本的、尋常的東西變成黃金。稻草是生產穀物時的副產品，是在去除了穀粒與穀殼之後所留下來的，通常只用來當作床墊或填充物。具有創造力的努力也有著類似的特質。僅僅運用我們的想像力、幾張紙、一支筆，作家就能夠編織出一個故事，也許能創造出一些具有永恆價值的事物。

我們可以想像，磨坊的女兒有一種巨大的創造才能，然而由於她父親造成的創傷，讓她無法以一種不受干擾的方式接觸她的才能。當她被迫為別人的利益而努力時，她可以做得到，可是卻因此感到精疲力竭和困乏掏空。她的能力讓她取得了暫時的成功，然而仍有一種威脅持續壓迫著她。雖然如此，當生了孩子之後，磨坊的女兒便不再甘於當一個被動的受害者，不願再滿足她魔鬼般的創作衝動。當她的孩子陷入了危險之中，她便能夠掌握住她與創造力之間的關係。

在許多文化中，人們普遍認為，知道某物的真名就可以對其產生力量。指出問題所在，具有將問題鎖定並加以定義的效果，讓它能夠被更輕易地處理。當我們正在與內心的困境奮鬥時，把它寫成文字可以帶給我們克服它的力量。當王后知道了小矮人的名字，她便能夠掌控他，再也不受他折磨了。我們可以想像，從心理學的角度來看，故事的這個段落顯示出王后已經能夠重新獲取她的創造天賦，將其整合起來，變成她在意識之中可以處理的，這份天賦不再是存在於她之外、或是為他人所服務的了。就磨坊的女兒而言，她的創造性代蒙在她處於絕望之中時來到她身邊，若非如此，她便無法觸及它。直到她的孩子受到威脅，她才找到了整合這種創造性潛能的勇氣與方法。透過說出它的名字，她重新獲得了它。

父母的自戀

科琳（Corinne）是一位非常有才華又活力充沛的女性，在休產假之前，她在市場行銷的職場上大放光采。她回憶道，她與父親的關係很疏遠，她常常感受到父親的冷漠、拒絕與批評。小時候，她熱衷於閱讀，喜歡寫故事。她還記得，每當大人問她長大後想做什麼，她總會說自己想要成為作家。這很可能會招來她父親的訓斥，他會告誡她：「當作家賺不到錢。」

科琳天生便擅長讀書，在學校表現非常好。這讓她的父親很高興，然而，柯琳回憶道，父親的讚賞總是曇花一現，大概只持續到下一次測驗或考試。科琳告訴我，在她高中時，她的父親平時與她相當疏遠，脾氣暴躁易怒，然而，在她收到一張每一科都拿了滿分的成績單時，那幾天裡，父親便變得和藹可親，對她關懷備至，然後又會恢復成暴躁的狀態。她和我一起談論到這樣的經驗與童話故事《小矮人龍佩爾施迪爾欽》中的感受十分相似——紡完了一個房間的稻草之後，還會有下一個更大的房間在等著她。

她同時也感覺到，她的父親為了自己的利益而索取她的天賦。當她在高中贏得了全州的作文比賽冠軍時，她因為自己的文學天賦得到認可而感到興奮，然而，她的父親所在意的卻是這件事情上另一個全然不同的焦點，她父親向親戚們宣布的是科琳不論參加什麼比賽都一定會得冠軍。他以自己所重視的面向來述說科琳的成就，這即是運用科琳的成就來換取自己的利益——有點像是磨坊男主人向國王吹噓的那樣。

這種父母的自戀對科琳產生了深遠的影響，當她進入成年期之後，她對自己的能力缺乏信心，無法接近深藏內心成為作家的願望。在她成為母親時，她已經在行銷的領域事業有成——這是一個與她父親有關的領域。事實上，她把學業的稻草紡成黃金的能力讓她躋身進入成功的傳統職場，就像磨坊的女兒成功嫁給了國王。最初，她打算休三個月的產假，便回到職場工作，然而，在女兒出生後不久，她很快便改變想法了。

最終，科琳決定辭去工作，留在家裡陪孩子。因為孩子的出生，她真正意識到工作不足以讓她離開女兒。她心中的優先順序完全改變了，在她心裡很清楚的是，她必須把自己的子女——生物意義上的小孩、以及她的創造性孩子——擺在第一。幾年之內，科琳開始在家裡附近的一所大學上寫作課，部分原因是為了藉此強迫自己空出寫作的時間。後來，她成為全職作家與寫作老師，出版了幾本廣受好評的小說。就像磨坊的女兒一樣，科琳對她的親生小孩的承諾，幫助她找到了對她的創造性孩子的承諾。因此，儘管母職對於女性要發揮創造性能力無疑是一個挑戰，然而，也有一些方法可以激發她對創作過程更大的承諾。對於小說家費伊．韋爾登（Fay Weldon）來說，生孩子讓她與她的創作能力連結了起來。

另一件似乎對創作過程相當有幫助的事情是生孩子，這件事完全沒有削弱一個人的創造力，反而提醒人們，我們永遠有更多點子，永遠不會缺乏想法或創作的能力。懷孕和生孩子的過程，以及在夜裡起床的過程，只是讓人更接觸到自我內在豐富的那部分。[6]

稻草變黃金

如同磨坊的女兒與科琳，《哈利波特》的作者J．K．羅琳也曾提過一些極為類似父親創傷的經歷。根據二〇一二年《紐約客》的一次採訪，羅琳曾提到她的父親令她感到害怕。「我與父親的關係不太容易，」她告訴採訪者，並坦言當時她已經長達九年沒有與父親聯繫了。

> 她說，在二〇〇三年十二月，彼得．羅琳（Peter Rowling）在蘇富比拍賣會上拍賣初版的《哈利波特》，他們之間的關係便已決裂。當時，並未全數售出，不過有一些已經被買走了，包括一本印刷版的《哈利波特：火盃的考驗》，那是羅琳在二〇〇〇年的父親節時送給他的，書頁上寫著「妳第一個孩子深深的愛」，旁邊畫著一隻手伸向一個奔跑的地精，這本書最終以四萬八千美金售出。[7]

雖然我們並不真的了解彼得．羅琳與他女兒的關係究竟如何，不過我們可以從他拍賣女兒給他的書、從中獲利的這件事情，看見他利用女兒的才華來換取利益的傾向，就如同童話故事中的磨坊男主人一樣。

當然，羅琳能夠把稻草變成文學的黃金，她用想像編織出一個令無數人著迷的故事。羅琳說，她二十五歲時在火車上，這個男孩巫師的故事第一次蹦進她腦中，她幾乎是當下立刻寫了下來。不久後她搬到葡萄牙教英語，她晚上教書，白天寫作。在那裡，她與一位名叫喬治・阿蘭帝斯（Jorge Arantes）的記者相遇，並且嫁給了他。

據聞，羅琳的婚姻從一開始就充滿了風暴與挑戰，正如《紐約客》的採訪與她的自傳中所言，阿蘭帝斯很容易吃醋，他們經常放聲大吵。在羅琳懷孕後，他們搬進了阿蘭帝斯母親的小公寓，一九九三年夏天，羅琳當上了母親。這段婚姻很快便結束了，因為他們之間開始充滿暴力。在一次激烈的爭吵中，阿蘭帝斯將她拖出門外，並賞了她一巴掌，羅琳帶著少數幾樣物品、她的女兒、以及《哈利波特——神祕的魔法石》的前三章節，逃離了葡萄牙。

接下來，羅琳人生的下一個階段便已傳為佳話。她在愛丁堡靠著領補助金過活、住在一間老鼠猖獗的公寓裡，開始為了自己與孩子的生活打拚，這是一條漫長而艱辛的旅程。在這個過程中，她繼續寫作。她會帶著坐在嬰兒車中的女兒四處散步，當孩子睡著了，羅琳便停在一家咖啡廳裡寫作。羅琳認為是女兒讓她有了完成這本書的願景。

在那段時間裡，我一直埋首寫作，而且我確實做到了。只不過有時候破破碎碎、斷斷續續的，有時候我就是湊不出時間去寫……有了孩子之後，我不得不寫完這本該死的書。不是因為我認為它可以拯救我們，而是因為我覺得這是我最後能夠完成它的機會。[8]

照顧女兒迫使羅琳更認真地對待自己與她的創造性工作，她意識到她必須要赴約那場與自己的約會。成為母親也可以藉其他方式來支持女性的創造性工作。當媽媽會讓我們相信自己的直覺，這也許是我們第一次這麼做。這可以為我們帶來信心，而這份信心會擴展到創造能力上。有一名與我會談的女性曾說過，在她的生命中，成為母親第一次帶給她信心，因為她感覺到憑自己直覺所做的事情是正確的。

有一則蘇格蘭的童話故事，反映出母職如何教導我們相信自己的內在資源。

被偷走的拜恩與席德人

很久以前，一位年輕的母親抱著她的孩子走在海邊的路上，她的孩子哭了起來，她知道他渴了，於是她小心地將孩子放在柔軟的草地上，這麼一來她便能夠到附近的小溪取水。然而，她前腳才剛離開，兩個來自席德（Sidh）的法力高強的仙女，便前來帶走了她的孩子拜恩。

母親回來時，發現孩子不見了，她哭了起來，在絕望中四處尋找。她走著走著，走到了附近的村落，她逢人就問他們是否看到自己的孩子，然而，他們什麼也沒告訴她。

最後，她來到了一個吉普賽人的營區。在這裡，她尋求吉普賽老婦人的智慧，據説吉普賽祖母擁有廣博的智慧。吉普賽祖母建議這位年輕女子放棄尋找她的孩子，她説孩子被席德人偷走了，被帶到了他們在地底下的祕密王國。吉普賽祖母告誡道，沒有任何進去那裡的凡人最終能夠離開。然而，這位年輕的母親並未因此放棄，她懇求吉普賽祖母幫助她找到拯救孩子的方法。

吉普賽祖母告訴這名年輕的女子，席德即將要選出新的統治者，如果能夠在這個時候找到進入他們祕密王國的方法，她可能有機會找回她的孩子。吉普賽祖母繼續説道，席德人沒有能力製造任何東西，因此他們總是需要乞討或偷竊。他們非常虛榮，特別對於獨特珍稀的東西感興趣。如果這位母親能得到一些珍貴而稀有的物品，也許便能説服席德人把孩子還給她。

「但是，像我這樣的窮人家要怎麼找到珍貴而稀有的東西呢？」年輕的女子問道，吉普賽祖母沒有回答，可是給了這個女人她的祝福。

這位年輕的母親再度感到絕望，因為她很窮，沒有能力購買精美而稀有的物品，她不知道自己還能做些什麼，她跑到了海邊。在海邊，她收集了雁鴨的羽毛，在收集夠了之後，她編織了一件像雲一樣柔軟而潔白的長袍，上面有著金色的花邊。

接著，她在海灘上找到了被潮水漂白與磨平的動物骨骸，它們有如象牙一樣地白。她用這些骨頭做了一把豎琴，用她自己的金髮串成琴弦。在她彈奏時，音樂是如此優美，鳥兒們都圍了過來，「現在，我準備好了！」她說道。

她穿上了帶有金邊的白袍，拿起了帶有金弦的白色豎琴，她來到了祕密王國的入口，等待著。

席德人選擇新統治者的日子到了，當他們聚集在祕密王國的入口處時，有人發現了那穿著美麗鳥絨長袍的年輕女子。「有什麼東西會讓妳願意交換妳的長袍呢？」席德人問道，「妳想要多少黃金都沒問題！」女人回答道，如果可以讓她進入祕密的王國，並且能夠得到國王的接見，那麼她便願意將長袍交換出去。她們達成交易了，席德人牽著她的手進入他們的地下世界，並帶她去見國王。女人坐在席德國王的面前，拿出她用自己頭髮串成琴弦的豎琴。席德人被這美妙的音樂給迷住了，他們懇求女人把豎琴送給他們，女人回答道：「這是要有代價的，」席德人向她保證她可以得到任何她想要的。

「我的孩子，沒有別的了！」於是，席德人把她的孩子還給了她，當他們陶醉於豎琴與音樂的美妙時，女人將孩子抱在懷中，溜出了他們的王國，直到她和孩子安全抵達家裡。

就像《小矮人龍佩爾施迪爾欽》中的磨坊女兒，這個故事中的小男孩被一種想將孩子據為己有的巨大魔力所威脅，我們對這個年輕女子所知甚少，只知道她手邊所能使用的資源非常有限。當我們能夠從心靈中取用的資源相當有限時，我們可能會很難相信自己的創作本能、或者正視我們的創造渴望。而在這種狀況下，我們的創造性孩子確實很容易被奪走。

相信自己

這名年輕的母親需要找到珍貴而稀有的東西，然而起初她對於自己能不能做得到感到很絕望，因為她只是一個貧窮的小姑娘。從心理學的角度來看，這反映的是我們難以相信自己的創造能力。例如，我們可能認為自己沒有足夠的天份，不足以讓我們認真追求對藝術的興趣。故事中，如果這位年輕的母親要拯救自己的孩子，便必須克服自我懷疑。也許就像J·K·羅琳一樣，我們始終沒有認真投入於創造性生活，直到孩子以某種方式讓這件事情變成是迫在眉睫、不可迴避的事情。

儘管這位年輕的母親很貧窮，而且懷疑自己能否找到足夠好的東西，然而她所需要的素材很容易從她的環境中取得。而且，當我們面臨考驗或危機時，這往往是我們更熟悉內在與外在資源的契機，這些資源一直都在，只是我們沒有意識到罷了。

最令人感慨的是，豎琴的弦是用母親的頭髮做的。通常，我們的孩子——創造性的孩子與真實的孩子——最需要的就是我們，即便我們有缺陷、也不完美。讓我們與自己的孩子和我們的創造性努力有所連結，是非常必要的。

故事中，年輕母親所發現的精緻而珍貴的東西，其實都是一些普通平凡之物，這凸顯了創造性生活的一項重要特點。雖然在想到創造力時，一般人往往會聯想到作家、畫家、詩人或舞蹈家，然而，舉凡想要秉持一種嶄新態度的衝動、對某個老問題產生的新看法、或者對生活新方向的展望，這些都是心靈不可抗拒的創造性本能。在內心深處，我們都是藝術家。創造這個詞來自一個更古老的詞，它意味著一種無中生有的狀態。當我們擁有創造力時，我們把以前沒有的東西帶入世界。如果妳是個還沒找到自己創造力素材的母親，請找找看能量在哪裡，什麼事物吸引妳？什麼會讓妳充滿興緻？也許是計劃下一次的家庭旅遊，也許是做一頓美味佳餚，也許是對某個問題想出了新的解決辦法。所有這些都是我們創造性本能的表達方式。我們應該照顧這些火花，無論它們在哪裡燃燒。

我有一名個案奧羅拉（Aurora），她的母親憂鬱而疏遠，而父親有酒癮。在她很小的時候父母便離婚了。奧羅拉是個直覺相當敏銳的孩子，她必須要把自己原本火爆的性情壓抑下來，才能適應父親因酗酒、母親因憂鬱所致的缺席。因此，在她成年之前，她還不曾真正思考過自己想要的生活是什麼樣子的。

在我們的治療過程中，奧羅拉與我會一起探討假期這個主題。雖然她有一份很吸引人的工作，然而她感覺自己還沒有找到真正可以展現她許多天份與才能的合適之處。在她懷上她的第二個孩子時，工作上問題變得更為明顯。她開始重新思考在產假結束後，是否要回到職場工作，她開始允許自己思考未來在職涯上的變動。兒子出生後，當她在面對這些棘手的問題時，她重新感覺到自信，生了第二個孩子的母職經驗，有助於她感覺到自己更有能力與力量，這種感覺延展到了她在工作與創造性的追求。在孩子幾個月大時，她做了以下的夢。

我生了一個孩子，我正在擠母乳。孩子就在那裡，可是他被另一個女人照顧著，因為我已經把他交給別人收養了。我將母乳裝進一個又一個奶瓶裡，大概有一加侖吧！我意識到這個孩子是我的兒子，而且我想要討回他。我很生氣，因為另一個女人擁有我的兒子。我告訴她，現在她有兩個選擇：一個是她可以搬到離我更近的地方，或者，她可以把我兒子還給我。我擔心他們會展開報復，並扣留著我兒子。我離開、來到外面。有一些忍者來訓練我，我回去之後變得更加強大。我想，現在的我可以當個很好的政治人物了。

就像童話故事中的母親，奧羅拉很輕易便把自己寶貴的創造性孩子送給別人了，因為她在童年時沒有受到疼愛。她很少允許自己對職涯上的前景懷抱有野心的夢想，當一些相關的想法浮現時，她通常會覺得它們不切實際、或自己做不到，以此打發這些念頭。同樣地，童話故事中的母親很快就失去了自己的孩子，孩子被輕而易舉地偷走了。

在夢中，奧羅拉放棄了自己的兒子，就像她可以如此輕易地放棄自己的夢想。然而，就像故事中的母親一樣，奧羅拉驚訝地意識到，她內在有精神的資源可以運用，而這是她從不知道的。為了孩子，她分泌了非常大量的乳汁，她也被訓練成為一個強壯厲害的鬥士。這讓她有能力成為一個很好的政治人物，政治人物有機會獲得權力、能夠使用這些權力，並且要去服務他人。在夢中，奧羅拉似乎找到了獲得這些資源與力量的途徑，因為她正在想辦法要回她的孩子，就像童話故事中的母親那樣。

在她外在的現實生活中，兒子的出生讓奧羅拉更允許自己對未來的創造性有更多發想。她能夠更悉心地照顧她的創造性小孩。在這過程中，她獲得了令人意想不到的機會，接觸到自己尚未實現的面向。她發現自己對目前的工作產生了新的能量，她以新發現的自信發展出在職涯上的新姿態。不僅如此，她開始探索以前從未被重視的才能，並思考著這些才能未來是否有機會開創一番事業。

孩子有辦法對我們予取予求，特別是當孩子還小的時候，光是要度過一天就會耗盡心力，幾乎沒有時間做其他事。一個女人的創造性生活很容易被埋沒在母職的日常生活瑣事中，然而，成為母親也可以是一份邀請，讓我們更深入地投入於創造性孩子身上，提供嶄新的機會，讓我們相信自己的創造潛能。母職呼喚著我們體現、並活出自己的真實，為有意義的創造性活動打造堅實的基礎。

針對求取創造性，可以反思……

1. 在有孩子之前，妳生活中的創造力是如何展現的呢？在妳成為母親之後，它又是如何展現的呢？在為人父母的過程中，堅持創造性的實踐或表達有什麼樣的困難？母親的身份如何豐富了妳的創造性生活？

2. 磨坊的主人透過吹噓他女兒的才能來進行交換，結果她的女兒便被送給了國王。國王也用同樣的方式對待她，她的才能彷彿只是為了為國王創造財富。如果我們心中也有父親帶來的創傷，可能會影響我們與自己創造力間的連結，並影響我們的創造力。妳和妳的父親是什麼樣的關係呢？這段關係如何支持或阻礙妳與自己創造力的連結呢？

3. 實際上，磨坊主人把他的女兒送給了國王。後來，磨坊主人的女兒承諾將她的第一個孩子送給小矮人。我們被養育的方式會對我們後來養育自己孩子時產生深遠的影響。妳與父親的關係在哪些方面影響了妳養育孩子的方式呢？

4. 磨坊的女兒將自己的孩子送給了小矮人，而《被偷走的拜恩與席德》中，年親的母親不過把孩子放下一分鐘，便失去了孩子。妳是如何丟失、或答應讓人取走妳寶貴的創造性小孩的呢？

5. 磨坊主人的女兒為了要拯救孩子，必須獲得掌控創造力的強大力量。成為母親是如何幫助妳將注意力集中在妳想要創作的目標上呢？

6. 《被偷走的拜恩與席德》中，年輕的母親發現自己巨大的創造潛能，她必須向內看，才能拯救自己的小孩。有時候，面對挑戰，我們會發現自己的能力比我們所知道的更強大。成為母親是如何幫助妳發現自己以前可能從未意識到的創造性優勢呢？

1. 原註：Diane Mehta, "Sex and Sensibility," The Paris Review, October 16, 2013, theparisreview.org/blog/2013/10/16 /sex-and-sensibility.
2. 原註：Barbara Kingsolver, High Tide in Tucson: Essays from Now or Never (New York: HarperCollins, 1995), 96.
3. 原註：James Hollis, Mythologems: Incarnations of the Invisible World (Toronto: Inner City Books, 2004), 62.
4. 原註：Kingsolver, High Tide in Tucson, 95–96.
5. 原註：Theo Tsaousides, "The Thin Line Between Passion and Obsession, Part 1," Psychology Today (blog), October 25, 2016, psychologytoday.com/us/blog/smashing-the-brainblocks /201610/the-thin-line-between-passion-and-obsession-part-1.
6. 原註：Nina Winter, Interview with the Muse: Remarkable Women Speak on Creativity and Power (Berkeley, CA: Moon Books, 1978), 42.
7. 原註：Ian Parker, "Mugglemarch: J. K. Rowling Writes a Realist Novel for Adults," The New Yorker, September 24, 2012.
8. 原註：Parker, "Mugglemarch."

第九章

求取內在權威

我們大部分的困難來自於我們失落了與自己本能的連結，失去了與儲存於內在的、被遺忘的古老智慧的連結。

——卡爾・榮格（摘自榮格的演講）

在《兩個匣子》的結尾，女孩從井底成功歸來，得到了黃金與珠寶作為禮物。黃金與珠寶具有豐富的象徵意義，因為它們美麗而永恆。黃金永遠不會褪色或變得黯淡，珍貴的寶石不會腐爛或凋零。在這本書中，我們對於心理的探討也具有永恆的本質。當我們逐漸與自己的本能智慧同調，便能讓我們立足於內在的權威之中，這就是其中一項好處。

在我們的文化中，大多數人都在一定程度上與內在智慧分裂。在成長過程中，我們必然被教導將自己與從深處湧現的本質呼喚斷絕開來。我們被教導要遠離憤怒與攻擊，忽視潛藏的恐懼，推開慾望，以便服膺文化上的期待。我們可能會發現，傾聽來自內心深處的幽微聲音，明白自己的感受、自己的需要，或者敏覺危險的徵兆，是不容易的。我們忘卻了如何傾聽靈魂的低語，關閉了自己最柔軟的嚮往。

本能

如果我們要走向個體化的道路，本能會為我們指出必然前往的方向，與本能切斷聯繫會令人感到在生活中漂泊，不確定自己要去哪裡、或該如何繼續。與本能重新建立聯繫，會讓我們接受自己在生活中的責任，並重掌內在的權威。權威（authority）一詞來自於拉丁語的 auctor，具有「主人」、「領導者」或「作者」之意。當我們能夠訴諸內在權威時，我們便能成為自己人生的作者與命運的主人。

成為母親為我們提供了與本能無意識智慧相連結的機會，因為我們很早便意識到，孩子的幸福取決於我們傾聽與信任這些內在線索的能力。如果我們沒有這麼做，我們——以及孩子——便會受苦。一旦與內在本能的根源脫鉤，要當一位母親將會變得特別困難。身處於一個高度重視理性的文化中，我們可能會壓制警告我們有危險的聲音，或殘酷地禁絕非理性的渴望。英國童話故事《霍比亞人》（*The Hobyahs*）描繪了這種破壞本能的傾向，並呈現出這個狀況對我們與孩子心理的影響。

霍比亞人

從前從前，有個小女孩和一對老夫婦住在一個用麻稈建造的屋子裡。他們有一隻小狗，名叫特比。有一天晚上，可怕的霍比亞人來了，他們喊著：「霍比亞！霍比亞！霍比亞！扯下麻稈，吃掉老夫婦，帶走小女孩！」，不過特比朝他們吠叫，把霍比亞人給嚇跑了。然而，老先生很生氣，因為特比的吠聲把他吵醒了。隔天早上，他把小狗的尾巴切了下來。

第二天晚上，霍比亞人又來了，喊著：「霍比亞！霍比亞！霍比亞！扯下麻稈，把老夫婦給吃了，並帶走小女孩！」，特比又再度朝他們吠叫，嚇跑了霍比亞人，拯救了一家人。可是，老先生又生氣了，因為特比的吠聲又把他吵醒了。隔天早上，他砍斷了特比的一條腿。

接下來的這個晚上，一切又像之前一樣地發生了。又一次地，在早晨老先生再度砍斷了特比的另一條腿。事情就這樣地繼續下去，直到特比連一條腿都不剩了。到了晚上，霍比亞人又來了，特比依然吠叫了，所以隔天早上，老先生把牠的頭給砍了下來。

這一次的夜晚，霍比亞人一如往常地來了，喊著：「霍比亞！霍比亞！霍比亞！扯下麻稈，把老夫婦給吃了，並帶走小女孩！」，這時霍比亞人發現小狗特比的頭已經被砍下了，他們便扯下麻稈，把老夫婦給吃了，並將小女孩裝進袋子裡帶走了。

霍比亞人把小女孩帶回他們的家，把裝著小女孩的袋子掛在牆上，然後便去睡了，因為霍比亞人都在白天睡覺。小女孩大聲地哭了起來，有一個帶著大狗經過的男人聽見了她的哭聲，他把小女孩從袋子裡救了出來，並把狗放進小女孩原本待著的那個袋子裡。

當天晚上，霍比亞人取下袋子、並打開它時，那條大狗跳出來把他們全吃下肚，所以如今再也沒有霍比亞人了。

特比代表了我們有益處的本能，它總是指引著我們，即便我們拒絕傾聽它。令人感動地，特比並沒有停止吠叫，無論牠受到如何的忽視與殘害。同樣地，夢——無意識智慧的載體——持續造訪我們，無論我們是否留意它們。故事中的老先生懲罰了狗，他可以被理解成是我們內化了文化中或家庭中忽視恐懼、或告訴我們擁有自己感受是瘋了的聲音。他不想從沉睡中清醒，也就是說，不去意識到已經被侵門踏戶的危險。

有意思的是，故事中的老太太只被簡單提及，她的聲音被噤聲到如此程度，以至於她沒有能力站出來對抗老先生並保護孩子。最後，當特比被殺害後，危險的霍比亞人吞噬了老先生與老太太，讓孩子得不到保護。

當我們無視內在的提示，而是一味聽信「專家們」的建議時，我們就會截斷並殘害我們的本能。在以下的段落中，一名母親因為放任自己的本能被壓制、默許自己內在的特比被肢解，而感到悲痛。

> 我被推進產房。現在是六〇年代初，我已經失去意識……在無意識中，我被注射了一針，昏沉入睡。在產房裡，我什麼也感覺不到、什麼也看不到。我唯一記得的是有人在搖晃我的手臂，我依稀聽到：「妳生了一個男孩。」這是六〇年代初，醫院裡不允許母嬰同室，父親只能在規定的時間內過來探望。沒有親餵母乳……而是餵配方奶粉……有一位護理師會被派來看照我們，大概為期四週之久……與嬰兒的連結……唉，根本沒有人談到連結這回事。
>
> 我先生和我可能成為父母了，可是我們自己仍然是個孩子……四週過去了，護理師離我們而去，我開始哭。衝擊好大。二十三歲的我感到被困住了，我的行程只有不斷餵奶、換尿布、洗澡、睡覺，我已經將聽到的建議背得滾瓜爛熟……「不要寵壞他……不要把他抱起來……就讓他

哭。妳小時候我們就是這樣做的，聽我們的話……我們是妳的父母，我們養大了兩個小孩，我們知道怎麼樣才對。他哭的時候妳們讓步，這是最糟糕的……喔，妳可以看看他是不是需要換衣服或喝奶，但是如果他不需要這些，就讓他哭，最後他就會自己睡著了。」

我聽了他們的建議……我想要當一個好媽媽，讓小孩不要被寵壞，所以我餵奶、我換尿布、我幫他洗澡，而當我聽到他在哭的時候，我任他去哭。

在八〇年代初的某些時間點，我開始注意到女人們會在公眾場合、也在家裡安靜的環境中餵寶寶喝奶。在歐普拉的節目中，我了解到擁有渴望和需求無關。我聽到一些諸如「互動」、「溫暖」與「連結的歷程」等的詞彙。我的內心有某個部分是悲痛的，我內在某個部分好想要哭，我好想回到我兒子的嬰兒時期，把他抱起來，親吻他淚涔涔的臉龐；我渴望好好把他抱在懷裡，哄他入睡，可是我已經沒有第二次機會了。

現在已經是九〇年代了……1

作者回溯這十年的經驗提醒了我們，我們關切內在覺知的程度，會受到所處的文化脈絡的影響。當美國婦女在成為母親時，往往沒有機會獲得一個女人傳授給另一個女人的傳統知識，因此，我們很容易聽信專家們的建議，而在某一段特定時期的社會風氣中，這些專家的建議往往會成為主導。親餵母乳這件事的變化便說明了文化風氣如何詆毀我們的本能反應，哺乳是一種有幾百萬年歷史的生物本能行為，它與性交一樣地確保了我們物種的生存與繁衍。然而，在二十世紀中葉的短短四十年間，它在工業化世界中卻幾乎灰飛煙滅。

愛麗絲・伊芙・寇恩（Alice Eve Cohen）的回憶錄《我以為我知道的事》（*What I Thought I Knew*）記載了她身為母親的經驗，她講述了一個關於女性本能受傷的悲傷故事。她被告知由於母親服用己烯雌酚（DES）——人造動情素二乙基己烯雌酚（diethylstilbestrol），即第一類合成雌激素，因此她不能生育，導致她的懷孕症狀被誤診。她的月經失調與胃部不適被歸咎於更年期，由於她的乳房脹痛、腹部腫脹、且無法入睡，她做了X光檢查，並被開了相當大劑量的合成雌激素。她擔心肚子裡可怕的隆起是個腫瘤，因此去諮詢醫生，她緊急進行了電腦斷層掃描，結果發現這個所謂的腫瘤竟然是已經兩個月大的胎兒。她在懷孕期間服用的荷爾蒙影響了胎兒的發育，讓子宮中的胎兒的生殖器很不明顯。

寇恩的故事是個非常直接的例子，呈現出女性是如何因為與自己本能的分裂而蒙受傷害。她的生育能力因為她母親服用醫生給予的己烯雌酚處方而受損，同樣是醫療機構讓她否認了自己的身體現象，儘管有疲憊、噁心、貧血、頻尿、乳房疼痛、髖關節疼痛和胃食道逆流等症狀，然而她和醫生都沒有想到可能是懷孕。在發現懷孕後的某一刻，她去找了一名醫生諮詢墮胎的事，那位醫生毫不客氣地對她說：「妳也真蠢！妳在過去那段時間裡一直在否認。在過去六個月裡，妳一直處於否認狀態。每個女人在潛意識中都知道自己是不是懷孕了。」[2] 她懷的是個女孩，有著性器不明顯的狀況，這一點很有象徵意義。令人開心的是，寇恩的女兒出生後大致上都相當健康。

與陰性力量的陰暗面相遇

在當母親時，我們亟需我們的陰性本能，這樣的本能可能會在夢境與童話故事中化身為一個老婦人。幸運的是，懷孕和成為母親邀請我們與本能的智慧連結。身體——尤其是女人的身體——是黑暗陰性能量的轄區，在我們的文化中早被驅逐已久。我們學到的是，我們的身體是羞恥的、骯髒的、危險的或充滿情慾的，我們逐漸與身體分裂，無法聽從身體的智慧。我們會因為身體的尺寸、形狀或顏色不對而厭惡它。西方女性必然會與自己的身體隔絕，只是每個人程度不同。懷孕、分娩、哺乳和照顧小嬰孩在根本上是身體的、親力親為的經驗。孕期中，女人經常要面對自己的身體。一名女性在第一次懷孕期間經常做同樣的夢，身體以老婦人的原型顯現，一直反覆出現在她的夢中。

我正在田裡挖馬鈴薯，一位素昧平生的老婦人朝我走來，接著，我看到在土裡的馬鈴薯其實是相當精緻的小娃娃。老婦人告訴我，這些娃娃是我的胎兒，我很驚訝，心裡充滿了各種複雜的情緒。最後我醒來時感到非常難過。3

做夢的人正在逐漸深入孕育與分娩的奧祕，老婦人是一種大母神的意象，讓她知道自己正在經歷的事情並非是自我（ego）所掌控的範疇，而是屬於生與死的偉大奧祕的一部分。

在懷孕期間，我們的身體現實以疲倦與反胃的形式侵襲我們，我們無法擺脫背痛或腿抽筋的困擾，也無法忽視腫脹的腹部。當然，生產與分娩那完全原始的身體狀態也不容忽視。當我們帶著新生兒回家，也會發現自己完全陷入了身體的領域中，無時無刻都在處理糞便、嘔吐物、尿液、血液與母乳。這可能是我們第一次完全將焦點放在身體微妙的歷程上，我們仔細觀察嬰兒的呼吸、呈現出睏意的眼皮跳動，以及在嬰兒餓了就要開始哭之前，表現出的那安靜的不滿模樣。在整個孕期與哺乳期中，我們可能會對身體無聲的、神祕的智慧有了新的認識，它知道如何從兩個小細胞編織出一個全新的人，以及如何創造食物來餵養寶寶。我記得當我發現只要我的寶寶一哭、我便會分泌乳汁時，我感到多麼驚訝。

本能的、身體的智慧與強烈的情緒都會讓我們根據這些智慧行事，甚至違反主流文化所告訴我們的，這些便是老婦人意象的特質，老婦人意象是陰性陰影的一個部分。與她相遇——與我們憤怒的、真實的、巫婆般的婊子相遇——可以讓我們與她的力量重新連結起來。當我們成為母親時，我們可能會找尋這個老婦人，因為我們知道她有一些我們迫切需要的智慧。作家珍·拉扎爾（Jane Lazarre）在第一個孩子班傑明（Benjamin）仍是個嬰兒時，夢到了她公寓裡的隱形房間。

我走進了我所居住的公寓後方那間閒置的公寓。令我震驚的是，我發現有人住在那裡……

我夢到我讓他哭了太長的時間，當我終於去找他時，他已經病了，而且因為哭了太久而流血，他赤身裸體，而且體重大幅下降，已經失去了原本那頭美麗的捲髮。

我緊緊抱著他，跑向住在後面房間的人，我叫他們打電話給醫生。當他們起身去打電話時，我注意到他們把公寓打點得很好，一切都很乾淨，沙發是金色的錦緞。接著，我注意到，這只是其中一間閒置的公寓，它的後面還有另外一間。我走了進去，手上仍然抱著班傑明，這一間就沒有被整理得那麼整潔。它看起來就像是一個擺了傢俱的房間，沒有什麼特色或風格。我很驚訝，我可以這麼輕易地進入這兩間公寓，然而，還有第三間公寓，我從未進入過。它很黑暗，我覺得那裡有個能讓班傑明好起來的人，也許是我的祖母，她在我年紀還小時便去世了。我把班傑明裹上一條舊毯子，緊緊抱著他，看向這間黑暗的房間。[4]

在夢中，拉扎爾知道自己必須走向黑暗，那裡住著老婦人的原型，在那裡，她會找到她養育兒子所需要的智慧。

封閉內在所知

在我成年的時候，我被教導得要質疑我自己的本能。當我三十多歲時當上了母親，我已經年紀夠大，可以開始取回我所失去的那些本能智慧了。然而，我當母親的本能模式似乎不斷受到抨擊，可悲的是，我並不總是能夠禁得住這些挑戰。

在我兒子兩個月大的時候，我們投標買下了一間新的房子。我對此感到有些猶疑，然而又覺得被新生兒壓得喘不過氣來，再加上產後荷爾蒙也影響著我。大約在同一時間，我在一本育兒雜誌上讀到一篇關於孩子中了鉛毒的文章，我內在有一個神祕的警鈴鈴聲大作。我將那篇文章收藏下來，我在心中下定決心，在我們搬進新房子時會進行檢測。然而，在搬家之後，我們手頭很緊，我則繼續擔心著鉛的問題。有一天早上，我突然驚醒，想到前屋主在現在我們當成遊戲室的房間裡做了彩色玻璃，彩繪玻璃不就是使用鉛嗎？我約了我的兒科醫生討論這件事，他告訴我我們確實應該擔心這件事，而且我們應該讓孩子做個檢查，如果檢查的結果是正常的，那麼我就應該「放下心來」。兩個孩子血液中的鉛含量都是四，處於正常範圍之內。

然而，我仍然很憂慮。房子裡有毒素的擔憂像水蒸氣一樣包圍著我。這些憂慮看似不合理，然而不知何故卻在我腦海中揮之不去。我的擔心是來自一個深層的本能領域嗎？或者僅僅只是焦慮在作崇？實在很難區分何者是深層的所知、何者是表面的訊號，特別是當妳已經從文化中得到一些指引，或也許妳的原生家庭也要妳拋下本能與直覺。當妳靜止下來時，本能會對妳說話；當妳的心智不安時，焦慮便會啃噬妳。焦慮經常會跟直覺混淆，但是當真正的直覺顯露出來時，妳會發現它非常獨特，以一種柔和、模糊的低語訴說，但是它的核心是一種所知。我們需要區辨的是信任——我們對自己、對身體與對歷程的信任。就像小狗特比一樣，即便被我們忽視了，本能也不會停止警告我們。

我對兒子正蒙受著潛在危險的直覺並沒有放過我，儘管這些念頭總是偶爾在我腦中一閃而過而已。我們房子裡可能含有鉛的想法一直困擾著我，我到處向鄰居們詢問他們的經驗，得到了一些模糊但令人放心的答案，他們告訴我，在沒有對牆面進行過檢驗之前，不要動工改造房子。當地的油漆工給我名片時，我把它留了下來，想著也許我們可以補漆一些剝落的區域。我買了特殊的清潔劑，盡可能地經常拖地。每次去看醫生的時候，我都會提到鉛的問題。在我兒子九個月的時候，兒科醫生再次幫他做了一次鉛的檢查，這是這個兒科醫生診所的標準流程。我滿心預期鉛含量至少會升高一點，我甚至希望會升高，這麼一來我便終於有了更認真處理這個問題的理由。然而，檢測報告出來了，他血液中的鉛含量仍然只有四。儘管如此，我仍然感到緊張。

在我兒子一歲的兒科檢查中，我仍然在擔心著鉛的問題，所以要求再做一次血液檢查。這一次，他血液裡的鉛含量高達三十三，這個數值是安全含量的三倍多。通常如果鉛含量達到四十五，便需要立刻住院治療，而如果鉛含量達到百分之九十以上，便會導致癲癇發作，甚至死亡。後來做的檢測結果呈現出遊戲室被覆蓋了大量的鉛塵，在地板之間有微小的鉛顆粒。我內在某個神祕的領域知道，這棟房子對我兒子來說是有毒的。然而，我一直是個「好女孩」，因為經濟考量而將自己噤聲，我心中已內化的聲音一直說著，我們現在需要省錢，如果我還要把這樣的恐懼放在第一是很不負責任的、很不成熟的。對於鉛的黑暗想像是「女人式的」非理性恐懼，我的擔心根本就沒有客觀上的依據。一份深刻而永恆的陰性所知警醒著我要注意兒子有危險，然而，我背叛了自己的這個部分，默許它被噤聲。而卻是我的兒子要為此付出代價。

這個事件究竟對我和我的心靈意味著什麼，在得到診斷的幾個月後，透過我所做的夢而更形清晰。

> 我的女兒有問題——也許她有點輕微的鉛中毒。我先生說服了我——確切來說，是我讓自己被說服了——最好的做法就是殺了她。我們在她的水壺裡放了一些毒藥。她沒有穿衣服地躺在那裡喝著水，我對此不為所動、無知無覺，就這麼看著她的脈搏漸漸消失。接著，我要時間才意識到我們做了什麼，我對我先生大發雷霆，我對他大吼大叫，他竟然讓我這麼做，然而一切為時已晚。

在當時，這個夢簡直嚇壞我了，即便這幾年過去了，它仍然會刺痛我心。在夢中，我一直很順從，我讓自己被說服，犧牲了某些女性的溫柔智慧。重要的是，在夢中被犧牲的是我的女兒，而不是我的兒子，在現實中則是我兒子承受了我背叛自己的惡果。陰性本能在夢中化身為女兒的意象。成為母親之後，我心中與自己陰性自我的嶄新關係被喚醒了。正視這個陰性本能的自我讓我知道房子裡有毒，而我所背叛的也正是這個陰性自我。夢中，我的先生是個內在的形象——是導致我們懷疑自己的內化的聲音。

在我書寫這本書時，我兒子已經十幾歲了。從現實可以觀察到的跡象看來，鉛並沒有對他造成傷害，儘管我可能永遠無法完全確定在鉛含量升高的那幾個月裡是否有一些火光因此被熄滅了。我所知道的是，如果我沒有要求進行第三次的血檢，他暴露在含鉛環境的時間會更長，影響範圍也會更大，最終可能真的會演變成一場悲劇。儘管如此，我知道自己絕不能再拒絕陰性權威與智慧，它是一種無法被理性解釋的直覺所知，也包含了讓我們堅持立場的力量與憤怒。

求取侵略性

求取內在權威意味著我們越來越能夠自在地接觸內在侵略性的能量。如果沒有一絲健康的狠勁，我們便無法立足在自己的所知當中。因此，這必定取決於我們是否已經面對並整合了陰影，如同前幾章所討論的。當我們能夠有創造性地和黑暗與陰性本能有所連結，便能活出充滿活力與真實的生命。

在我兒子被診斷出鉛中毒的幾年之後，我做了一個夢：

我在一家美麗的服飾店裡，在一個發亮的玻璃櫃裡，擺著一個用黑色石頭雕刻的無價之寶。那是個類似石像鬼的形象，大概是我拳頭的大小。不知為何地，我知道它是一種儀式用的物品，在很久以前被用於宗教活動。它掛在一條繩子上。我問老闆我能否看看它，我一把它掛在脖子上，它的眼睛發出了紅色的光芒，而且活了起來。它攻擊了和我在一起的人，狠狠掐住了他們，因此他們也緊緊抓住自己的喉部。我很害怕，但是我努力想控制住這個雕像，為了能控制它，我用了一種我對我固執的兒子立規矩時會用的嚴厲聲音對它說話。它便停止了攻擊。我的同伴們都沒事，我已經控制了這股強勁的力量了。我有些害怕，不過同時也有一點興奮。店裡的其他人也都同意這個雕像顯然是屬於我的。

石像鬼（gargoyle）起源於一個中世紀的法國傳說。傳說中這個生物會噴火、長相如惡龍，就叫做石像鬼（gargouille），牠們棲息在塞納河上，會吞噬船隻、並淹沒村落。聖羅麥諾（Saint Romanus）在一名囚犯的幫忙下攻克與制伏了這隻怪物，並將牠的遺體帶回焚燒。然而，頭部和脖子卻無法燒毀，因為這兩個部位早已被這隻猛獸自己的火焰燃燒許久了。因此，這個頭與脖子便被掛在大教堂上，以遏阻惡靈。

重要的是，聖人在一個被唾棄的罪犯——陰影——的幫助下擊敗了怪物。正如我們在第二部分所看到的，陰影之中潛藏著禮物。我們需要猛烈的憤怒，儘管這種憤怒往往是不被允許的，如果脫離這份憤怒，我們將會陷入危險。就如同在傳說中的那樣，接觸自己不被承認的部分可以幫助我們以一種將會創造永恆價值的方式去克服內在的惡魔。可怕的怪獸生物變成了有功能的石像鬼。它的能量不再是破壞性的，而是可以用來嚇跑惡靈、並疏導雨水。

我的夢告訴我，身為母親，我已經開始學習以一種符合我內在真實的方式來探索自己的侵略性與憤怒。一部分是透過我在對孩子維持權威、甚至是建設性地使用我的侵略性的經驗，我正在學習如何接觸自己的那一面，以便讓人格中的意識層面更容易汲取這種巨大的力量，並且能助我立足於我的權威之上。

遺失、而又尋回我們的雙手

當我們能夠傾聽老婦人原型的深層智慧，並運用一些她的權威與理解，我們就會成為更好的母親。我們也會更完整、更真實地活著。對許多女性來說，在有孩子之前，可能覺得自己無法展現權威。對於要起身捍衛那些連我們自己都不明白在說些什麼的聲音，實在是太痛苦或太害怕了。因此，我們任由自己的靈魂被啃噬，不覺得這些無數的微小損失會造成什麼影響。然而，當有了孩子，我們的態度便不再相同。突然之間，有另一個我們要負責的人，我們知道自己需要弄清楚如何開始傾聽自己的聲音，否則我們的孩子會受苦。

從亞洲到非洲，許多地區幾乎都有不同版本的《無手少女》故事。這個故事講述一名年輕女子，因為父親的所作所為而被犧牲了，進而失去了在這個世界上行動的能力，以及母親如何幫助她重新獲得權力。以下是格林的版本，不過我最後使用了義大利版本的故事結局。

無手少女

一個磨坊的主人陷入了貧困。有一天，他在森林裡收集木材時，一名老人走來，提議可以讓他變得比他最瘋狂的夢想還要更富有，只要他答應把在磨坊後面的東西送給老人。磨坊主人暗自心想，磨坊的後面不過就是一棵蘋果樹，於是他便同意了。老人說，他將在三年後來領取這份承諾。

當磨坊主人回到家時，他的妻子興奮地迎接他，告訴他每個箱子與盒子裡都裝滿了金銀財寶。磨坊主人向妻子說明了他與老人的交易，對於自己用一棵蘋果樹換來這麼大一筆財富而洋洋得意。然而，他的妻子卻立刻臉色發白，「那一定是魔鬼，」她告訴磨坊主人，「他要的不是蘋果樹，他要的是我們的女兒，她正在打掃院子。」

那一天到來了，魔鬼要來帶走磨坊主人的女兒，磨坊主人的女兒將自己清洗得乾乾淨淨，並且用粉筆在自己的周圍畫了一個圓圈。因此，魔鬼無法接近他，魔鬼憤怒地命令磨坊主人把她身邊所有的水都拿開，這麼一來她就不能為自己淨身了。不然的話，魔鬼是沒有能力控制她的。磨坊的主人很害怕，便按著魔鬼的話做了。第二天早上，魔鬼又來了，可是磨坊主人的女兒在自己的手上流眼淚，她的雙手非常乾淨，魔鬼再一次無法接近她。他要求磨坊主人：「砍掉她的手！」磨坊主人因為害怕，便按照魔鬼的要求做。他的女兒一直很聽話，她放下雙手，讓雙手被砍去。第三天，魔鬼再度到來，然而，磨坊主人的女兒在樹上哭了很久，也哭得很厲害，殘餘的手腕也變得相當乾淨。魔鬼也只得放棄。

磨坊主人的女兒宣布，她不能再和她的父母待在一起了，她要去為自己尋求一個在這個世界上的位置。她走著走著，直到夜晚降臨。接著，她來到一個皇家花園，花園裡的樹上掛滿鮮美的梨子。她一整天都沒有吃東西，於是她俯身張口咬了一顆掛在低枝上的梨子。

隔天，國王——也就是這座花園的主人——來了，清點了梨子的數量，發現少了一顆。當天晚上，他在花園裡發現了這名小偷，當他看見沒有雙手的少女在吃掛在樹枝上的梨子時，深深地被少女的美麗所懾服。他走近她，邀請她陪他回宮。因為她如此善良、如此美麗，他愛上了她，並為她打造了一雙銀製的雙手。無手少女和國王結婚了。

一年過後，國王必須要上戰場打仗，他讓母親照顧年輕的王后。在他離開的時候，這個無手少女生下了兩個俊秀的男孩。國王的母親給兒子稍了一封信，要告訴他這個好消息。然而，信使睡著了，魔鬼取走原本的信、掉包成另一封信，上面寫著王后生下了一頭怪物。

當國王看到這封信時，感到非常震驚與不安，然而，他馬上回信說，他的妻子應該要得到溫柔的照顧。在回皇宮的路上，信使又再一次地睡著了。這一次，魔鬼又拿另一封信掉包，指示國王的母親將王后與孩子處死，並保留王后的舌頭與眼睛以示服從。老母親很震驚，然而遲遲無法收到兒子進一步的消息，因為魔鬼早已阻斷了所有聯繫國王的管道。

雖然如此，老母親光是想到會有無辜的性命喪失便流下眼淚。她殺了一頭母鹿，割下牠的舌頭與眼睛，並把它們保存起來。然後，她把王后送進森林，並囑咐她永遠不要再回來。這位無手的少女把她的孩子綁在背上，含著眼淚便離開了。

她在森林裡漫無目的地流浪了許久，直到她來到了一個池塘旁。旁邊坐了一位老婦人，無手的少女請求老婦人從池子裡撈一點水給她喝。

老婦人說：「不」，她指揮無手少女跪下來喝水。

「可是妳難道沒看到我沒有雙手嗎？如果我跪下來喝水，我的寶寶們會從我背上滑下來、掉進水裡的。」

「這不重要，」老婦人回答道，「妳就試試看呀。」

無手少女跪下來喝水，當她這麼做時，她的寶寶們從她背上滑了下來，掉進池塘裡。

「我的寶寶！救命啊！他們會被淹死的！」她哭喊著，懇求老婦人可以幫忙她。可是老婦人紋風不動。

「不要害怕，」她說：「他們不會淹死的，伸手進去把他們拉出來。」

「可是我怎麼做得到呢？我沒有手呀！」

「那就把妳的手腕插進水裡。」

無手少女把她的手腕伸進水裡去救她的孩子，在那一刻，她感覺到她的手又長出來了。她把她的寶寶們毫髮無傷地拉了出來。

「再會了，」老婦人說，「現在妳有了雙手，可以為自己做事了。」在無手少女還沒來得及感謝她時，她便已轉身離開了。

王后與她的兩個孩子棲身在樹林中的一個小屋中，住了七年。有一天，有一個人敲門進來，他滿面愁容，又餓又累。他解釋道，他多年前失去了他的妻子和兩個孩子，此後他一直在四處尋找他們。王后透露自己便是他的妻子，然而，他乍聽之下並不相信，因為他的妻子有一雙銀手。然而，王后走進隔壁房間，拿來了那雙銀手，她還留著這雙銀手。於是，國王認出她來了，他們幸福地團聚了，之後一直過著幸福又富裕的生活。

我們之中的許多人都曾以類似無手少女的方式受過傷，我們順從地遵守文化或家庭的要求，截去自己某些不可或缺的部分。我們放棄了自己的雙手——而雙手是我們按照自己的選擇來掌控世界的能力。失去了雙手，形同我們失去了執行力，必然變成是被動的。磨坊女兒的殘缺是一個強而有力的意象，呈現出女性是如何與帶來傷害的父親共謀。這可能和我們關係痛苦的個人父親，也可能是文化上父親的負面面向。無論哪一種情況，造成的傷害都潛藏在女性心靈的深處，我們內在都存在著自己的加害者。

在童話故事中，國王通常代表著主導的集體價值觀。當無手少女嫁給了國王，我們可以看見她暫時可以適應集體的期望。銀製的雙手也代表了對文化「足夠好」的適應，它們是某種機械式的東西，而非天然的。它們讓少女能夠比以往更妥當地發揮功能，然而，它們終究不是真實的，也不是屬於她的。與國王結婚、並獲得銀製雙手代表著一種屈居中間的適應，而不是幸福的結局。

當我們把雙手奉獻給要求我們順從的文化面向時，我們的孩子很容易就滑入池塘裡，就像我兒子一樣，因為我默許他待在我不知何故確知有鉛毒的房子裡，而蒙受毒害。然而，許多媽媽知道，當孩子處於危險之中時，被動地蒙受傷害不再是可行的選項。無手少女遇到了古老的陰性智慧——女神，顯然就正是在池塘旁的老婦人。這種深層的、本能式的陰性智慧將不再讓她處於被動——當涉及她孩子的安危時，就更不能如此了。當我們拚了命地去做以往看起來不可能達成的事情，知道自己必須千方百計去拯救與保護孩子，在那樣絕望的時刻，我們被治癒了。我們擁有了自己的雙手，成長為真實的自我，並順從我們的內在權威行事。

療癒

當母職引領我們成為最好的自己時，我們可能會像無手少女那樣發現自己獲得一種神奇的療癒潛力，協助我們恢復受損的能力。凱薩琳（Catherine）是我曾會談過的個案，在她剛成為母親時，當媽媽的經驗幫她在極為困難的處境下找到了自己的道路。凱薩琳在喬治亞州的鄉村地區長大，家境相當貧窮。她母親沉迷於毒品及酒精，而父親幾乎都不在她身旁。凱薩琳早年生活在混亂與失功能的環境之中，性虐待、暴力、遺棄與成癮是她童年經歷的寫照。

凱薩琳在十五歲時懷孕了，她決定留下孩子。她與仍是嬰兒的女兒一起待在房間裡的時刻依然歷歷在目，她的女兒躺在地板上，凱薩琳則坐在一旁看著她。即便兒時的她還年幼，她仍相當敏銳地感覺到自己的父母實在是錯待她了，她感覺到心中浮升起一股決心，想要為自己的孩子成為更好的母親。隨著孩子的出生，她內在堅定地擁護著保護、生存與富足的本能，這些本能以一種特定的信念展現出來。於是，當她低頭俯視著女兒，她大聲地說：「有一天妳會上哈佛！」

這份對女兒的諾言在凱薩琳心中彷彿成為了某種瑰石，在某種程度上，她意識到如果沒有先讓自己擺脫貧困與混亂，那麼她便無法讓女兒擺脫貧困與混亂。自小她便一直是個天賦異稟的學生，她喜歡讀書，而且成績優異，從那時起她比以往更加堅定地致力於學業，並逐步畢業。她父親得知她年紀輕輕便懷孕，輕蔑嫌惡地拒絕了她，然而凱薩琳還是拜託他支付大學學費，凱薩琳堅持不懈、沒有退縮卻步，直到他最後終於點頭答應。同時，有一位支持她的阿姨幫忙一起照顧她女兒，讓凱薩琳完成大學學業。最後，她在一個競爭激烈的領域中取得了博士學位，成為一個成功的專業人士。在這樣的過程中，她帶著女兒遠離了原生家庭的失能狀態，提供女兒一個溫暖、穩定的家。在本質上，凱薩琳實現了她對女兒的承諾，而她的女兒在學術上也大有成就，如今成為一名醫生。

當女兒出生時，凱薩琳是個從不良環境長大的青少女，渾身傷痕累累。她沒有資源，也沒有支持。她究竟要如何自救，何況她還帶著女兒？凱薩琳在那天對女兒道出了一份令人難忘的諾言，這個舉動乃是源自她與自己內在的指導性自性（self）相遇。正如無手少女在池塘邊與老婦人的相遇，老婦人向她展示要如何運用她的能力與內在權威，以治癒自己並拯救她的孩子，這場相遇促使她一肩扛起自己生活的責任。池塘邊的老婦人說：「現在妳有了雙手，可以為自己做事了。」當凱薩琳意識到她對女兒的責任有多麼艱鉅時，凱薩琳同樣也受領了這份體悟。

母職改變了凱薩琳，它以某種方式改變了我們所有人，它就像一把精煉之火，燒掉那些不再有用之物。它要求我們為自己與孩子挺身而出，對我們發出呼喚，讓我們成為我們本應成為的人。成為母親是一份邀請，讓我們汲取自己的智慧，即便要對抗自我懷疑與他人批評的旋渦，也要堅持住自己的所知。一旦能做到如此，我們便獲得釋放，可以去追求真實的道路，我們的個體化故事於是開展。

針對求取內在權威，可以反思……

1. 在妳所受的教育之中，妳能辨別出有哪些聲音要妳關閉自己的本能嗎？在成為母親的同時，妳是如何接觸到自己的本能智慧呢？成為母親如何改變了妳與本能的關係？

2. 在《霍比亞人》中，小狗特比警告家人有危險將至，可是老先生不願意採信，反而懲罰牠。生活中，妳是否忽視過可能危險的直覺呢？妳是如何殘害妳與本能的關係呢？也許是一笑置之、或盡量減少自己的懷疑與恐懼，而這對妳的育兒生活產生什麼樣的影響呢？

3. 在《霍比亞人》的結尾，男人的大狗把邪惡的霍比亞人吃掉了。小狗特比沒能保護家人，因為牠的聲音不被傾聽，而男人的大狗則更加強壯而有力。有時候，當我們因為沒有聽從本能而受到傷害時，我們會變得更相信本能。在妳的生活中，妳的本能在何處像男人的大狗一樣，強而有力地保護妳呢？

4. 在《無手少女》中，女兒甘願為父親犧牲自己的雙手。許多人會為了滿足家庭或文化的期望，而砍掉自己的一部分。妳是如何割捨自己的一部分呢？這讓妳的哪一個面向有所殘缺呢？這種傷痕如何影響妳為人父母的方式？

5. 一開始，無手少女沒有能力照顧自己，她必須仰靠陌生人的善意。許多女性在她們的生命中皆有過這樣的一段時期，尋求他人為自己提供照顧、引領或指導。在妳的生命中，這種情況是如何發生的呢？

6. 唯有當無手少女的孩子身陷危險，她才會長大——當她重新長出雙手，她才重新獲得了自己的自主性，而從那一刻起，她便有能力擔任起孩子的母親，並且照顧好自己。母職是如何邀請妳為自己與生活承擔更多責任的呢？

7. 無手少女因為在池塘旁遇到了老婦人，而得到療癒。在妳的生活中，妳在什麼地方得到了來自陰性智慧的滋養呢？不論是在妳的內心世界、外在世界或兩者之中，妳是否發現了這種能量？與這種能量的關係是否讓妳有所療癒呢？

8. 成為母親是如何幫助妳重新獲得自己的雙手、並找到妳的內在權威呢？

1. 原註：Myla Kabat-Zinn and Jon Kabat-Zinn, Everyday Blessings: The Inner Work of Mindful Parenting (New York: Hyperion, 1997), 374–76.

2. 原註：Alice Eve Cohen, What I Thought I Knew (New York: Penguin Books, 2010), 44.

3. 原註：Regina Abt, Vivienne MacKrell, and Irmgard Bosch, Dream Child: Creation and New Life in Dreams of Pregnant Women (Einseindeln, Switzerland: Daimon Verlag, 2000), 50.

4. 原註：Jane Lazarre, The Mother Knot (Durham, NC: Duke University Press, 1976), 89.

後記

早在十多年前，我心中便已萌生要撰寫這本書的念頭了。現在，我已經不再需要在十二月的寒冬裡與雙人嬰兒車苦苦奮鬥。當媽媽的經驗已經改變了我，讓我變得更謙卑、更有智慧、更有自信、更寬容、更開明、更兇悍、也更勇敢。在我成為母親之前，我不曉得自己對這個世界的認識其實少之又少，而現在，我也更加了解自己了。「如果妳想要好好了解生命，」[1]精神科醫師暨作家史考特・派克（M. Scott Peck）曾說，「養育孩子可能是認識自己最好的方式之一。」

母職是進入自己內心的大門，在那裡妳會遇到昔日舊傷的幽靈，要面對自己的黑暗，與自己的本能自我相遇。如果妳允許，它將引妳潛入深井，在那裡妳將與原型的老婦人有一次開創性的相遇。如果妳以正確的態度接近她──如果妳好好地禮遇她──她便會將她淵博的智慧傾囊相授。

妳需要懷抱什麼樣的態度，才能夠讓這段與老婦人的相遇帶來最大的影響力呢？丹尼爾・修斯（Daniel A. Hughes）與強納森・貝林（Jonathan Baylin）在他們探討孩子對父母依附關係的書籍中，提出了四種關鍵的態度，可以幫助我們與自己的孩子保持連結。這四種態度也有助於我們與自己保持連結，特別是在面臨壓力或挑戰的時候，我想這並非只是單純的巧合。這四種態度可以被涵蓋在PACE的縮寫中：玩心（playfulness）、接納（acceptance）、好奇（curiosity）與同理（empathy）。[2]

玩心。玩心意味著允許實驗、彈性、自發與喜悅，有空間接受無預期狀況的發生。當妳正在經歷困難——也就是當妳悲傷、孤單、枯竭或憤怒時——大概很難培養這種充滿玩心的態度。然而，培養這樣的態度，能夠對妳所面臨的任何挑戰帶來新的方向。當妳已經達到忍耐極限、或欲哭無淚時，卻反而因為處境的荒謬而發笑，此時，充滿玩心的態度便出現了。充滿玩心的態度讓我們能夠迎接夢境、直覺與其他來自無意識的交流。我們會說，昨晚出現在我面前的這個有趣的意象是什麼？它可能意味著什麼？我們把玩端詳這個意象，允許它影響我們。玩心是開放的，它幫助我們避免卡在過於僵化、防衛、抗拒的位置，在這樣的位置上，我們的意識態度必須主宰一切，並握有掌控權。而當我們遊玩時，我們敞開心胸迎接生命，不論被賜予什麼樣的禮物，我們都能夠收下。我們已經準備好擁抱冒險。遊戲與僵化是對立的，妳不可能同時有玩心，同時又很僵化。

接納。在人生谷底時為自己尋求接納，是件了不起的事。成為母親將會提供許多這樣的機會，如果妳能培養接納自己的態度，即便是當妳在育兒歷程裡苦苦掙扎之時，這麼做都會讓妳發現自己能夠安頓在智慧與轉化之地。榮格寫道：「在我們能接納之前，我們什麼都改變不了。」[3]身「譴責不會帶來釋放，它會產生壓抑。妳所抗拒的事物不僅會繼續存在，還會越來越大。」

為媽媽，我們面臨的挑戰是接納我們自己是什麼樣的媽媽，而不是我們希望自己是什麼樣的媽媽。我們的文化會讓我們相信，為了成為一個好媽媽，我們必須在所有面向上都表現優異。我們應該要會做飯、整理、架構、修復、調解、訂規矩、玩遊戲、清潔、安撫、唸書、做手工、照顧、達到目標、成功、教學、激勵、約束、工作、鼓勵、以及其他數不清的事情。實際上，身為媽媽，我們會有不同的強項。也許妳很有與孩子分享各種想法的天賦，可是不善烹飪。也許妳很知道要怎麼讓孩子做家事，可是很受不了要參與孩子的想像遊戲。接受自己獨特的天份與缺點是一項根本性的行動，將會開展更為寬廣的自我感。接納與貶抑是對立的，妳不可能同時又接納自己，而同時又貶抑自己。

好奇。好奇源自於拉丁語中的「關心」（care）一詞，要投入於內在生命，好奇可能是最重要的態度。好奇是一股抵禦自我批評的力量。在犯錯之後，妳可以帶著好奇轉向自己，而不是投身於自虐的洪流，妳可以想一想：我剛才又對小孩大吼大叫了，讓我來好好對這點好奇一下，在我大吼之前，我有什麼感覺？我今天心裡有盤踞著什麼感覺嗎？我想知道我自己發生什麼事了？當妳一次又一次地這麼做——當妳養成帶著好奇接近自己內在的習慣——妳便創造了空間。好奇會讓自我譴責的聲音止歇，讓我們進入解決問題的狀態。妳可以專注於某件事情發生的原因，以及妳要如何修復它、或下次可以怎麼做得更好，因為妳沒有那麼忙著挑自己的毛病。好奇透過這樣的方式，讓我們回到核心，發揮創造力尋找新的理解或解決方式。當妳從自我審視的狀態轉變成自我理解時，嚴厲的內在批評勢必會退讓開來。妳成為自己有興趣、並想要深入探究的對象，從而意識到自己比原本所認為的還要複雜多了，妳學會重視存在於妳內的複雜性與矛盾性。雖然我們不會總是喜歡自己，不過我們至少可以發現自己很有趣、值得繼續探究。好奇與批判是對立的。妳不可能同時既好奇又批判。

同理。對他人的同理讓我們能夠感受到他的痛苦，對自己同理則意味著允許自己體驗內在的創傷與掙扎，對自己同理意味著以溫柔與憐憫對待自己。當妳注意到孩子不開心時，妳可能會去關心他、安撫他，並問一問他發生了什麼事。當妳處於困境時，妳也可以這樣對待自己。認可自己蒙受了傷害，不要去評斷自己是否「應該要」有這些感覺，不論這些感覺是什麼，請給予這些感受充足的份量。歡迎它們、並允許它們在心裡佔據它們所需要的空間，妳是這些情緒的見證人。充分感受它們，不要試著假安慰之名，行合理化之實。不要告訴自己妳應該要接納小孩，所以不該為了兒子成績不理想而感到失望。就讓自己感受失望，並在這麼做的同時給自己一些善意與憐憫。一旦有機會充分感受這些，妳便更容易進入可以挑戰消極想法的境界，以正確的角度看待問題，並想像出有創造性的解決方法。自我仁慈有助於減緩神經系統的反應，回歸一種相對平衡的狀態，這麼一來，我們便可以處理手頭上的任何問題。在俄羅斯童話《美麗的瓦西麗莎》中，瓦西麗莎的母親在臨終前送給她一個魔法娃娃，每當她感到被擊垮了、擔憂或被榨乾時，她便將自己的煩惱告訴這個魔法娃娃。而魔法娃娃便會答話，它會說：「瓦西麗莎，現在去睡覺吧，因為早晨比晚上更明智。」娃娃是一個內化的好母親意象，她傾聽並提供同理。妳可以成為自己的好母親，安撫自己並提醒自己，一旦把自己照顧好，妳便能以嶄新的能量來應對問題。同理與自我批判是對立的。妳不可能同時批判自己，同時又同理與憐憫自己。

在往下探索深井時，妳會需要玩心、自我接納、好奇與自我同理的態度。在身為母親的好幾年中，這些態度會一直對妳發揮影響力，特別是在某些漫長而孤單的時刻。當我們帶著好奇、接納、同理與玩心轉向自身時，我們將擁有強而有力的工具，可以將痛苦的渣滓轉化為自我理解的心理黃金。當妳在自身淵博的複雜性中逐漸認識自我時，妳會變得更有智慧。妳對生活的開放態度將會擴展妳的人生、為妳注入生命力。妳將擁抱生活、熱愛自己的命運，而不會把眼光放在苦楚與埋怨之中。妳將順利地找回自我，並逐漸成為妳原本應該成為的樣子。

---

1. 原註：M. Scott Peck, In Search of Stones: A Pilgrimage of Faith, Reason & Discovery (New York: Hyperion, 1995), 151.
2. 原註：Daniel A. Hughes 與 Jonathan Baylin, Brain-Based Parenting: The Neuroscience of Caregiving for Healthy Attachment (New York: W. W. Norton, 2012), 102.
3. 原註：榮格（C. G. Jung），《追求靈魂的現代人》（*Modern Man in Search of a Soul*）（New York: Harcourt, Brace, & World, 1933), 234.

鳴謝

在我第二個孩子出生後的幾個月，我第一次萌生了一個念頭，即是這本書的雛形。因此，本書是與我的孩子們一起成長的。培育本書的歷程中，我有過一些困難與焦躁的時刻，然而在我養育這個寫書的創造性計畫時，有許多人一直支持著我。

有許多榮格取向的同事們，他們的扶持對我而言是無價之寶。琳達．里歐娜（Linda Leonard）的著作給了我啟發與指引，她在每個階段都待我慷慨、且提供鼓勵。我在一開始就卡住了，當時蘇珊．蘿伯茲（Susan Roberts）耐心地聽我述說，並告訴我可以從某篇童話故事開始。當這本書還是我在分析心理學訓練中的論文時，大衛．施恩（David Schoen）、法蘭西絲．帕克斯（Frances Parks）與菲利絲．拉普蘭特（Phyllis LaPlante）是本書早期的讀者，並協助形塑本書。普迪．庫爾伯格（Puddi Kullberg）提供了溫暖的支持與真心的交流。當我一直找不到突破點時，凱特琳．沃爾茨（Kaitryn Wertz）一直在我身旁——如同既往——傾聽與回應我，幫我找到方向，她幫我釐清這本書的核心隱喻，並為我指出了《兩個匣子》。我總是知道我可以從約瑟夫．李（Joseph Lee）的身上找到穩定的友誼、愛與歡笑。德布．史都華（Deb Stewart）一直都在，從一開始就在我身邊提供我她溫柔的智慧、豐富的觀點、以及關於編輯上的精明指導，我無法想像如果沒有與她的友誼，我要如何養育我的孩子或這本書。

還有很多人。當這個創作計劃被擱置、我失去希望時，已故的薇佛利・菲茨杰拉德（Waverly Fitzgerald）引導我創作一份可執行的書籍企劃，後來，她如同是這本書引言與前兩章的助產師，一口答應要支持我繼續撰寫後續的章節，在她與癌症奮鬥的最後幾個月裡，依然每天閱讀我的文章，並給了我非常重要的鼓勵與回饋。

史黛拉・歐馬莉（Stella O'Malley）的友誼來得正是時候，她同時是我的靈感與鼓勵。

我對我所有的個案——不論是否身為母親的個案們——都心存感激，他們每個人都教會我許多事情，我特別感謝那些大方同意讓我在這本書中使用他們素材的人。

我非常感謝我的經紀人艾德里安娜・史蒂莫拉（Adriana Stimola），她立刻看出本書的價值，並充滿關懷地支持著它。我很感激她在每個階段的指引與洞察。

我很慶幸能與我的編輯海溫・艾佛森（Haven Iverson）共事，他讓這本書在各方面都變得更好。我很感謝他敏銳而機智的付出，以及他的熱情支持。此外，我也感謝 Sounds True 出版社的整個團隊。

還有多姆（Dom），謝謝你為我的生命帶來的一切美好。

【附錄】

故事來源與資訊

本書中的童話故事來自世界各地，許多都非常古老。下面我將按照它們在書中出現的順序列出，並提供更多關於這些故事來源的資訊，以及妳可以去哪裡進一步了解各個故事。

《兩個匣子》（*The Two Caskets*）

這是最初由英國學者班傑明．索普（Benjamin Thorpe）收錄的一篇斯堪的納維亞童話。它出現在安德魯．朗格（Andrew Lang）的《橘色仙女書》（*The Orange Fairy Book*）中。類似的故事還有法國童話《鑽石與蟾蜍》。還有個特別迷人的版本來自美國南部，由羅伯特．聖蘇西（Robert D. San Souci）改寫，叫做《會說話的雞蛋》，由傑瑞．平克尼（Jerry Pinkney）為其繪製精美的插圖。

《賽爾克新娘》（*Selkie Bride*）

這是一則來自蘇格蘭的傳說。妳可以在海蒂．安妮．海納（Heidi Anne Heiner）的《美人魚和其他世界各地的水精靈故事》(*Mermaid and Other Water Spirit Tales from Around the World*)一書中閱讀到更多相關的故事。

《天鵝少女》(*The Swan Maiden*)

世界上有許多關於女人變成天鵝的故事，而這篇故事是由約瑟夫．雅各(Joseph Jacobs)收錄的。民俗學家阿希利曼(D. L. Ashliman)在他的網站 pitt.edu/~dash/swan.html 上收錄了這篇和其他類似的故事。

《德宓特和波瑟芬妮》(*Demeter and Persephone*)

神話有許多不同的版本。我提到的《致德宓特之荷馬頌詩》，它可能寫於公元前七世紀。我第一次聽到這篇故事，是我媽媽讀給我聽的，那是英格麗．多萊爾(Ingri d'Aulaire)和愛德加．帕林．多萊爾(Edgar Parin d'Aulaire)合著的《希臘神話：諸神、英雄、美女的探險、戰爭與愛情奇幻故事》一書中的故事。這本書一直再版中，所以我可以和自己的孩子們分享這本故事書。

《玫瑰公主》(*Little Brier Rose*)

這個故事出自格林兄弟，有時也被稱為《睡美人》。有一個版本是由馬龍．克萊夫特

（Mahlon Craft）改寫，並由我最喜歡的童話插畫家之一絹子・克萊夫特（Kinuko Craft）精心繪製。

∴《月光公主》（*Princess Moonbeam*）

這個版本與十世紀的日本故事《竹取物語》有關，也被稱為《輝耀姬物語》。二〇一三年，吉卜力工作室發行了有關這篇故事的精美長篇電影，由高畑勳執導。

∴《六隻天鵝》（*The Six Swans*）

這是另一篇來自格林兄弟的童話故事。一九九八年出版的版本特色是配上桃樂希・唐茲（Dorothée Duntze）的插圖，捕捉到了這個故事的美麗和憂鬱。

∴《烏鴉》（*The Raven*）

這是篇來自格林童話的故事。

∴《兩個女人的故事》（*The Story of Two Women*）

這篇故事來自西非獅子山（Sierra Leone）的林巴族人（Limba），記錄於一九六一年。它出現在凱瑟琳・拉根（Kathleen Ragan）的選集《無畏女孩，智慧女性和可愛的姊妹：世界各地民間故事中的女英雄》（*Fearless Girls, Wise Women, & Beloved Sisters: Heroines in Folktales from Around the World*）當中。

《比安卡貝拉和蛇》（*Biancabella and the Snake*）

這是篇由喬瓦尼・斯特拉帕羅拉（Giovanni Straparola）所收藏的義大利故事。

《破兜帽》（*Tatterhood*）

這是篇彼得・雅柏容森（Peter C. Asbjornsen）和容根・莫伊（Jorgen Moe）在十九世紀中葉收藏的挪威故事。我喜歡和我的孩子們分享一九九三年的版本，該版本由勞倫・米斯（Lauren A. Mills）改編及繪製，書名為《破兜帽與惡鬼》（*Tatterhood and the Hobgoblins*）。

《黑公主》（*The Black Princess*）

這是篇來自德國的故事，並且據我所知還未被翻譯。路薏絲・馮・法蘭茲（Marie-Louise von Franz）在她的《童話中的阿尼姆斯和阿尼瑪》（*Animus and Anima in Fairy Tales*）一書講述並討論了這個故事。

《長角的女人》（*The Horned Women*）

這篇故事來自愛爾蘭，由懷爾德爵士夫人（Lady Wilde）收藏，並首次出現在一八八七年出版的《愛爾蘭古老傳說、神祕護身符和迷信》（*Ancient Legends, Mystic Charms, and Superstitions of Ireland*）一書中，也出現在凱瑟琳·拉根的選集《無畏女孩，智慧女性和可愛的姊妹‧世界各地民間故事中的女英雄》中。

《甜粥》（*Sweet Porridge*）

這是篇格林童話。

《美麗的瓦西麗莎》（*Vasilisa the Beautiful*）

這是亞歷山大·阿法納西耶夫（Alexander Afanasyev）收藏的一篇來自俄羅斯的故事，由伊萬·比里賓（Ivan Bilibin）為其繪製了精美的插圖。我最喜歡的版本是《芭芭雅嘎與勇敢的瓦西麗莎》（*Baba Yaga and Vasilisa the Brave*），由瑪莉安·梅爾（Marianne Mayer）重述，並由絹子·克萊夫特（Kinuko Craft）繪製精美插畫。她將芭芭雅嘎描繪得令人毛骨悚然！

《格魯斯卡普與嬰兒》（*Glooscap and the Baby*）

這是阿岡奎人（Algonquin）的一則傳說，它出現在珍．約倫（Jane Yolen）的選集《世界各地最受歡迎的民間故事》（*Favorite Folktales from Around the World*）一書中。

《吃泥巴的大黑天》（*Lord Krishna Eats Mud*）

黑天吃泥巴的故事出自《聖典薄伽梵往世書》（*Srimad Bhagavata Purana Book*）第十卷。雖然很難確定這段文字的年代，但很可能不晚於六世紀。我提到的英文譯本書名為Krishna: The Beautiful Legend of God，由愛德溫．布萊恩特（Edwin F. Bryant）翻譯。

《小矮人龍佩爾施迪爾欽》（*Rumpelstiltskin*）

當然，這篇著名的故事出自格林童話。我最喜歡的版本是由保羅．謝林斯基（Paul O. Zelinsky）改編及繪圖，插畫中的金線團還會閃閃發光！

《被偷走的拜恩與席德》（*The Stolen Bairn and the Sidh*）

這是篇蘇格蘭的故事，收錄在凱瑟琳．拉根的選集《無畏女孩，智慧女性和可愛的姊妹：世界各地民間故事中的女英雄》中。

《霍比亞人》（*The Hobyahs*）

這收錄在約瑟夫．雅各布斯（Joseph Jacobs）的《更多英語童話故事》（*More English Fairy Tales*）一書中。

《無手少女》（*The Handless Maiden*）

這篇故事有許多不同的版本，妳可以在 Sur La Lune Fairy Tales（surlalunefairytales.com）網站中找到某些版本。故事的第一部分我參考了格林童話的版本，但故事的結尾我使用了義大利的版本，題名為《橄欖》（*Olive*），收錄在由伊塔羅．卡爾維諾（Italo Calvino）選集並改編的《義大利民間故事》一書中。

心靈工坊 PsyGarden
LoveParenting 006

當媽後，你是公主也是壞皇后
從榮格心理學看童話故事中的母性智慧
Motherhood : Facing and Finding Yourself

作者—麗莎・瑪基雅諾（Lisa Marchiano）　譯者—黃詩維、傅雅群
合作出版—共同出版—雅緻文化有限公司（愛兒學母公司）

出版者—心靈工坊文化事業股份有限公司
發行人—王浩威　總編輯—徐嘉俊
責任編輯—黃心宜　特約編輯—王聰霖
封面設計—兒日　內文排版—李宜芝

通訊地址—106台北市信義路四段53巷8號2樓
郵政劃撥—19546215　戶名—心靈工坊文化事業股份有限公司
電話—02）2702-9186　傳真—02）2702-9286
Email—service@psygarden.com.tw　網址—www.psygarden.com.tw

製版・印刷—中茂分色製版印刷股份有限公司
總經銷—大和書報圖書股份有限公司
電話—02）8990-2588　傳真—02）2290-1658
通訊地址—242新北市新莊區五工五路2號（五股工業區）
初版一刷—2023年5月　初版二刷—2023年11月
ISBN—978-986-357-290-9　定價—570元

國家圖書館出版品預行編目資料

當媽後,你是公主也是壞皇后：從榮格心理學看童話故事中的母性智慧/麗莎.瑪基雅諾(Lisa Marchiano)著；黃詩維, 傅雅群譯. -- 初版. -- 臺北市：心靈工坊文化事業股份有限公司, 雅緻文化有限公司, 2023.04
　面；　公分. -- (Loveparenting ; 6)
譯自：Motherhood : facing and finding yourself
ISBN 978-986-357-290-9(平裝)

1.CST: 母職 2.CST: 自我實現 3.CST: 女性心理學

173.31　　112004907

心靈工坊 PsyGarden 書香家族 讀友卡

感謝您購買心靈工坊的叢書，爲了加強對您的服務，請您詳填本卡，
直接投入郵筒（免貼郵票）或傳眞，我們會珍視您的意見，
並提供您最新的活動訊息，共同以書會友，追求身心靈的創意與成長。

書系編號－LP006　　書名－當媽後，你是公主也是壞皇后

姓名　　是否已加入書香家族？ □是 □現在加入

電話（公司）　　（住家）　　手機

E-mail　　生日　年　月　日

地址 □□□

服務機構 / 就讀學校　　職稱

您的性別—□1.女 □2.男 □3.其他

婚姻狀況—□1.未婚 □2.已婚 □3.離婚 □4.不婚 □5.同志 □6.喪偶 □7.分居

請問您如何得知這本書？

□1.書店 □2.報章雜誌 □3.廣播電視 □4.親友推介 □5.心靈工坊書訊
□6.廣告DM □7.心靈工坊網站 □8.其他網路媒體 □9.其他

您購買本書的方式？

□1.書店 □2.劃撥郵購 □3.團體訂購 □4.網路訂購 □5.其他

您對本書的意見？

封面設計	□ 1.須再改進	□ 2.尚可	□ 3.滿意	□ 4.非常滿意
版面編排	□ 1.須再改進	□ 2.尚可	□ 3.滿意	□ 4.非常滿意
內容	□ 1.須再改進	□ 2.尚可	□ 3.滿意	□ 4.非常滿意
文筆／翻譯	□ 1.須再改進	□ 2.尚可	□ 3.滿意	□ 4.非常滿意
價格	□ 1.須再改進	□ 2.尚可	□ 3.滿意	□ 4.非常滿意

您對我們有何建議？

□ 本人＿＿＿＿＿＿（請簽名）同意提供真實姓名/E-mail/地址/電話/年齡/等資料，以作為心靈工坊聯絡/寄貨/加入會員/行銷/會員折扣/等用途，詳細內容請參閱：
http://shop.psygarden.com.tw/member_register.asp。

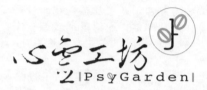